KB272347

스타트업 투자 유치
생존을 넘어 도약으로

박광영 지음

스타트업 투자 유치
생존을 넘어 도약으로

초 판 인 쇄　2026년　4월　2일
초 판 발 행　2026년　4월　10일

지 은 이　박광영
펴 낸 이　이혜숙
펴 낸 곳　신세림출판사
등 록 일　1991년 12월 24일 제2-1298호

04559 서울특별시 중구 퇴계로49길 14, 충무로엘크루메트로시티2차 1동 720호
전　　　화　02-2264-1972
팩　　　스　02-2264-1973
E - m a i l　shinselim72@hanmail.net
　　　　　　　shinselim@naver.com

정　　　가　19,000원

I S B N　978-89-5800-294-9, 03320

▌이 책은 저작권법에 의하여 보호를 받는 저작물이므로 무단복제를 금합니다.
▌파본은 구입하신 서점에서 교환해 드립니다.

스타트업 투자 유치
생존을 넘어 도약으로
박광영 지음
엔젤투자유치
Seed부터 Series C까지
엔젤 투자자
투자자
액셀러레이터(AC)
마이크로 VC
Series A: "성장 공식의 발견"
Series B: "비즈니스의 스케일 준비"
Series C (and beyond): "시장 지배와 엑싯(Exit) 준비"
성장 또 교차 우위 진입 성장
타겟팅과 네트워킹
CVC (기업 주도형 VC)
Action Plan
Cold Mail vs Warm Intro
후속 투자
압도적인 생산성 향상 (Efficiency)
데이터에서 찾아내는 '금맥' (Insights)
플랫폼의 확장성 (Scalability)
미래 생존을 위한 '보험' (Future-proofing)
수익률과 리스크의 수상 관계
수익률(ROI)과 미래 가치
Market Size
Business Model
Go-to-Market
The Team
Competitive Advantage
The Ask & Exit
팀빌딩
벤처기업, 전문개인투자자
VC투자유치
새로운 세상의 숲
신세림출판사

스타트업의 투자 생태계에 첫 발을 내딛는 대구대학교 기술지주 대표이사로서
제일 어려움을 느끼는 부분이 바로 투자 계약입니다.
스타트업 입장에서는 투자 받는 것이 성공을 위한 필수요건이지만,
잠재적 위험을 피하기 위해서는 투자 계약의 독소 조항과 체크리스트를
이해해야 기업의 가치를 법적으로 온전히 보호받을 수 있습니다.

이 책은 박광영 대표님의 스타트업 투자 경험을 바탕으로 스타트업의 성장
과정에 대한 깊은 통찰이 담겨 있습니다.
이 책은 스타트업 대표님들이 투자를 통해 성장하기 위한 길잡이가 될 것이고,
스타트업들을 위한 투자 생태계를 건강하게 만드는데 크게 기여할 것이라
생각하기에 모든 스타트업 대표님들과 투자자들에게 이 책을 적극 추천
드립니다.

이 재 현

대구대학교 기술지주 대표이사
대구대학교 창업지원단장

기술의 언어를 자본의 가치로 번역하는 완벽한 나침반

인공지능(AI)이 산업의 지형을 뒤흔드는 대전환의 시대, 수많은 창업자가 혁신적인 기술을 들고 시장에 뛰어듭니다. 하지만 안타깝게도 탁월한 기술력을 갖추고도 투자 유치라는 높은 벽 앞에서 좌절하는 경우를 수없이 목격해 왔습니다. 투자 유치는 단순히 자금을 확보하는 행위가 아니라, 시장의 언어로 기업의 미래 가치를 증명하는 고도의 전략적 과정이기 때문입니다.

본 저서의 저자인 박광영 대표는 현장에서 직접 발로 뛰며 체득한 날카로운 통찰력을 이 책에 고스란히 녹여냈습니다. 이 책은 단순한 이론서가 아닙니다. Seed 라운드부터 Series B에 이르기까지 각 단계에서 투자자가 진정으로 갈망하는 '성장 공식'이 무엇인지, 그리고 그들의 마음을 움직이는 '데이터의 금맥'을 어떻게 발굴해야 하는지를 명확히 제시하고 있습니다.

특히 AI와 딥테크 분야의 초기 투자를 고민하는 투자자들과 창업자들에게 이 책을 강력히 추천하는 이유는 다음과 같습니다.

- 본질을 꿰뚫는 데이터 인사이트: LTV, CAC, 리텐션 등 자칫 숫자 놀음에 빠지기 쉬운 핵심 지표들을 어떻게 '투자용 KPI'로 치환하여 관리해야 하는지 실전적인 해법을 제공합니다.

- 리스크를 기회로 바꾸는 심미안: 텀시트(Term Sheet)의 독소조항을 감별하는 법이나 실사(Due Diligence) 대응 전략 등 초보 투자자와 창업자가 놓치기 쉬운 치명적인 리스크 관리 노하우가 담겨 있습니다.

 - 사람 중심의 투자 철학: 기술보다 중요한 것은 결국 '팀'입니다. 이 책은 창업자의 학습 속도와 회복 탄력성 등 AI 시대에 가장 필요한 '인적 자산'의 가치를 어떻게 평가하고 스토리텔링해야 하는지를 심도 있게 다룹니다.

정체된 시장에서 '압도적인 생산성'과 '확장성'을 가진 기업을 찾아내고 싶은 투자자라면, 그리고 자신의 비즈니스를 매력적인 '그릇'으로 만들고 싶은 창업자라면, 이 책은 가장 든든한 파트너가 되어줄 것입니다.

박광영 대표의 이 역작이 대한민국 스타트업 생태계의 질적 성장을 견인하고, 더 많은 '기술의 기적'이 현실이 되는 밑거름이 되기를 진심으로 기원합니다.

정 규 만

대구대학교 AI학과 학과장
전문개인투자자
벤처캐피탈리스트

스타트업의 투자 유치는 단순히 '자금을 확보하는 과정'이 아닙니다.
그것은 기업의 전략, 팀의 철학, 시장을 읽는 통찰, 그리고 미래를 설계하는
역량이 종합적으로 검증받는 과정입니다.

이 책은 그러한 투자자의 시각을 매우 현실적이고 체계적으로 정리한 실전
지침서입니다. 투자 라운드별 본질을 짚고, IR 피치덱의 구조를 구체적으로
제시하며, 투자유치를 위한 핵심 지표를 단순 개념이 아닌 '설득의 언어'로
풀어냅니다.

또한 이 책은 단순히 '좋은 발표를 하는 법'을 말하지 않습니다.
어떤 투자자를 만나야 하는지, 협상 테이블에서 밸류에이션을 어떻게 다뤄야
하는지, Term-Sheet의 독소조항을 어떻게 읽어야 하는지까지 다룹니다.
이는 창업자가 한 번쯤은 반드시 겪게 될 실제 장면들입니다.

투자는 결국 '신뢰의 게임'입니다. 투자자는 성장의 가능성에 자본을 싣지만,
동시에 리스크를 관리해야 하는 존재입니다.

이 책은 창업자에게 투자자의 사고방식을 이해하게 하고, 투자자에게는
준비된 창업팀의 조건이 무엇인지 환기시킵니다. 그런 점에서 이 책은 단순한
투자 유치 매뉴얼이 아니라, 창업자와 투자자가 같은 언어로 대화하기 위한
알기 쉬운 번역서에 가깝습니다.

창업을 준비하는 분들, 이미 투자 유치를 진행 중인 창업기업 대표님들, 그리고
기술사업화 현장에서 기업을 돕고 있는 전문가들께 이 책을 추천드립니다.
생존을 넘어 도약을 준비하는 모든 팀에게, 이 책은 전략이자 나침반이 될
것입니다.

2026년 3월
신 동 현

現 미래과학기술지주(주) 대표이사
前 트러스트벤처투자(주) 부대표
前 (재)대구창조경제혁신센터 본부장
前 (재)연구개발특구진행재단 PD
前 LG상사(주) 파트장

창업을 시작하고 나서 가장 막막했던 순간은 '투자를 어떻게 받아야
하는가'였습니다. 좋은 아이템이 있으면 자연스럽게 투자가 따라올 것이라
생각했지만, 현실은 전혀 달랐습니다.

이 책은 그 과정을 복잡한 이론이 아닌,
실제 투자 경험을 바탕으로 명확하게 정리해 줍니다.
투자자가 무엇을 보고 판단하는지, 정부 지원은 어떤 순서와 전략으로
접근해야 하는지 창업자의 눈높이에서 이해하기 쉽게 설명합니다.

특히 인상적인 점은 투자를 단순한 자금 조달이 아닌
신뢰를 설계하는 과정으로 풀어냈다는 것입니다.
이 관점을 이해하는 것만으로도 사업 준비의 방향은 훨씬 선명해집니다.

투자 유치를 고민하는 대표님과 정부과제를 준비하는 팀에게
이 책은 실질적인 기준과 방향을 제시해 줄 것입니다.
준비된 창업이 결국 기회를 만듭니다.
이 책이 그 준비의 출발점이 되기를 바랍니다.

김 창 덕
포유소프트 대표이사

창업이라는 망망대해에 첫발을 내디뎠을 때, 가장 막막했던 것은 회사의
생존과 성장에 필요한 자금과 지원을 어떻게 확보해야 하는가였습니다.
수많은 투자 전문 용어와 복잡한 프로세스 앞에서 좌절감을 느끼던 시기,
박광영 대표님과의 만남은 저희 '바이오링크'에 있어 가장 큰 변곡점이
되었습니다.

대표님은 단순히 자금을 지원하는 투자자가 아니었습니다. 창업자의
눈높이에서 함께 고민하고, 여 년간 엔젤투자부터 시리즈 A까지 직접 발로
뛰며 쌓으신 통찰을 아낌없이 나누어 주시는 든든한 멘토셨습니다. 저희
바이오링크 역시 투자 유치 과정에서 대표님의 명확하고 현실적인 가이드
덕분에 시행착오를 줄이고 흔들림 없이 앞으로 나아갈 수 있었습니다.

이번에 쓰신 글을 읽어보며, 저는 대표님께서 저희에게 해주셨던
따뜻하면서도 뼈 있는 조언들이 고스란히 활자로 옮겨진 것을 보았습니다.
철저히 창업자의 입장에서 어려운 전문 용어는 덜어내고, 복잡한 투자
프로세스와 정부 지원 제도를 누구나 쉽게 이해할 수 있도록 풀어낸 이 책은
초기 스타트업에게 가뭄의 단비와도 같습니다.

대표님께서 맺은말에 적어주신 "아는 만큼 보인다"는 말씀에 깊이
공감합니다. 아무리 좋은 아이템이 있어도, 결국 부지런히 정보를 찾고 구조를
이해하는 창업자만이 모자란 부분을 채울 수 있습니다. 이 책은 데스밸리를
건너고 있는 7년 이내의 창업자들이 헛된 발품을 줄이고, 투자 유치와 정부
지원이라는 두 마리 토끼를 잡을 수 있도록 돕는 완벽한 실전 지침서입니다.

창업은 실패와 도전의 연속입니다. 그러나 이 책과 함께라면 실패를 딛고
다시 재무장하여 일어설 수 있는 지혜를 얻게 되실 거라 확신합니다.
투자의 문턱에서 막막함을 느끼는 모든 예비, 초기 창업자분들께
이 책을 강력히 추천합니다.

저희 바이오링크의 가능성을 믿고 여정을 함께해 주시는, 그리고 수많은
창업자들의 도전을 진심으로 응원해 주시는 박광영 대표님께 깊은 감사의
인사를 전합니다.

홍 정 호
바이오링크 대표
계명대학교 동산병원 신경과 부교수

추천사 ·· 3

1부. 투자의 본질과 마인드셋

1. 압도적인 생산성 향상 (Efficiency) ············· 23
2. 데이터에서 찾아내는 '금맥' (Insights) ·········· 24
3. 플랫폼의 확장성 (Scalability) ·················· 24
4. 미래 생존을 위한 '보험' (Future-proofing) ······ 25
5. 투자 시장의 특징 (Context) ···················· 29

라운드별 특징: Seed부터 Series C까지의 여정

1. Seed Round: "가설의 검증" ··················· 30
2. Series A: "성장 공식의 발견" ················· 31
3. Series B: "비즈니스의 스케일업" ·············· 32
4. Series C: "시장 지배와 엑싯(Exit) 준비" ········ 33

2부. 매력적인 '그릇' 만들기

1. 한 줄 요약 (The Hook) ························ 37
2. 문제 제기 (The Problem) ····················· 38
3. 해결책 (The Solution) ························ 38
4. 시장 규모 (Market Size) ····················· 39

5. 비즈니스 모델 (Business Model) ·········· 39

6. 경쟁 우위 (Competitive Advantage) ·········· 40

7. 마케팅 및 성장 전략 (Go-to-Market) ·········· 40

8. 팀 구성 (The Team) ·········· 41

9. 재무 추정 및 마일스톤 (Financials & Milestones) ·········· 41

10. 투자 제안 및 엑싯 전략 (The Ask & Exit) ·········· 42

숫자로 증명하는 성장성 : 핵심 지표(KPI) 관리법

1. 묻지도 따지지도 말고 챙겨야 할 '3대 핵심 지표' ·········· 44

   LTV (Lifetime Value, 고객 생애 가치):

   CAC (Customer Acquisition Cost, 고객 획득 비용):

   Retention Rate (리텐션, 재방문율):

2. 사업 모델별 맞춤형 KPI (투자자가 주목하는 것) ·········· 45

3. 지표 관리의 3가지 철칙 (Investor-Ready) ·········· 46

   ① '허수 지표(Vanity Metrics)'를 경계하라

   ② '코호트 분석(Cohort Analysis)'을 활용하라

   ③ '런웨이(Runway)'와 '번레이트(Burn Rate)'를 공개하라

팀 빌딩 : 투자자가 가장 중요하게 보는 '사람'의 가치

1. 문제와의 연결 고리 (Founder-Market Fit) ·········· 48

2. 실행의 완결성 (Execution & Complementarity) · · · · · · · 49

3. 회복 탄력성 (Resilience & Grit) · · · · · · · · 50

4. 학습 속도 (Velocity of Learning) · · · · · · · · 51

EX) 와이코퍼레이션의 인재모집에 대한 내용입니다 · · · · · · · 54

◆ 모집 분야 2 : CMO (Chief Marketing Officer) · · · · · 55

◆ 와이코퍼레이션이 약속하는 '파트너'의 예우 · · · · · · 56

◆ 투자자에게 어필할'팀 스토리텔링' 팁 (IR용) · · · · · · 57

3부. 타겟팅과 네트워킹

1. 산업군 필터 (Sector Focus): "그들이 잘 아는 분야인가?" · · · · 61

2. 투자 단계 필터 (Stage): "우리의 몸집에 맞는 체급인가?" · · · 62

3. VC 성향 및 밸류애드 (Personality & Value-add) · · · · · · 62

◆ 실전! 나에게 맞는 VC 찾는 법 (Action Plan) · · · · · 64

콜드 메일 작성:리스트업한 VC에게 보낼 '짧지만 강렬한 미팅 제안서'

Cold Mail vs Warm Intro: 거절 확률을 줄이는 접근법

1. Warm Intro: 신뢰의 지름길 (권장) · · · · · · · · 67

2. Cold Mail: 정교한 타겟팅의 기술 · · · · · · · · 68

◆ 답장을 부르는 '핀셋' 전략 · · · · · · · · · · 69

   3. 거절 확률을 줄이는 3단계 공식 · 70

      ◈ 실전 콜드 메일 템플릿 (와이코퍼레이션 예시) · · · · · · · · · 71

      제목 : [투자제안] 와이코퍼레이션 : 17명의 전문가와 6년째 흑자 성장 중인 AI 솔루션팀

4.엑셀러레이터(AC) 활용법 · 72

   (1) AC 프로그램의 핵심 구성 3요소 · · · · · · · · · · · · · · · · · 72

   (2) 실패 없는 AC 선택 기준 (Filtering) · · · · · · · · · · · · · · · 73

   (3) AC를 '제대로' 활용하는 전략적 팁 · · · · · · · · · · · · · · · 74

     ① "돈"보다 "사람"을 먼저 빼내라 · · · · · · · · · · · · · · 74

     ② 데모데이를 '투자 유치 확정'의 날로 만들어라 · · · · · · · 75

     ③ 동기(Batch) 대표들과 단단한 네트워크 형성 · · · · · · · 75

   (4) AC 활용 시 주의사항 (Common Pitfalls) · · · · · · · · · 76

4부. 밀고 당기기, 협상의 기술

   1. 당기기: '희소성'과 '속도'로 조급함 만들기 (FOMO) · · · · · · 85

   2. 밀기: '자신감'과 '독립성' 보여주기 · · · · · · · · · · · · · · · · · 86

   3. 협상의 결정적 기술: 밸류에이션(몸값) 조율 · · · · · · · · · · · 87

   (1) 앵커링(Anchoring) 효과 · 87

   (2) '낮은 밸류'보다 '좋은 파트너' · · · · · · · · · · · · · · · · · · · 87

   4. 도장을 찍게 만드는 막판 뒤집기 (The Last Push) · · · · · · 88

     ◈ 협상 테이블에서 쓰기 좋은 '마법의 문구' · · · · · · · · · · 89

기업가치(Valuation) 산정법 : 우리 회사는 얼마짜리인가?

1. 유사 기업 비교법 (Comparable Companies Analysis) ·········· 91

2. 배수 산정법 (Multiples) ·········· 92

3 .비용 접근법 (Cost-to-Duplicate) ·········· 93

4. 점수 산정법 (Scorecard Method) ·········· 94

　◆ 가치 산정의 '골든 룰' ·········· 95

　① 포스트 머니(Post-money) vs 프리 머니(Pre-money)

　② 지분 희석률을 먼저 정하라

　③ '업계 표준'을 무시하지 마라

시나리오 : "검증된 수익 모델과 확장성" 중심의 방어

1. 논리 전개 ·········· 97

2. 데이터 보강 ·········· 98

3. 미래 가치 ·········· 99

텀시트(Term Sheet) 독소 조항 감별법

1. 청산 우선권 (Liquidation Preference): ·········· 101

　"투자자만 돈 벌고 나가는 조항"

2. 동의권 및 거부권 (Veto Rights): ·········· 102

　"사사건건 간섭하는 조항"

3.동반매도청구권 (Drag-along Rights): ·········· 103

　　"강제로 회사 팔게 하는 조항"

4. 리픽싱 (Refixing) 조항: ·········· 104

　　"지분이 무한대로 깎이는 조항"

5. 이해관계인 책임 (Founder Liability): ·········· 105

　　"내 재산까지 날리는 조항"

실사(Due Diligence) 대응 : 투명성이 신뢰를 만든다

1. 실사의 3대 영역: 무엇을 뒤져보는가? ·········· 108

　(1) 재무 실사 (Financial DD) ·········· 108

　(2) 법무 실사 (Legal DD) ·········· 109

　(3) 기술 및 비즈니스 실사 (Technical/Biz DD) ·········· 110

2. 투명성이 신뢰를 만드는 '실전 대응법' ·········· 111

　(1) 데이터 룸(Data Room) 미리 만들기 ·········· 111

　(2) "모른다"보다 "확인 후 보완하겠다" ·········· 111

　(3) 레퍼런스 체크(Reference Check) 준비 ·········· 112

3. 실사 통과 후 '도장 찍기' 전 최종 체크 ·········· 113

　◈ 실사 대응 골든 타임라인 ·········· 114

📋 대한민국 액셀러레이터

1. 국내 대표 '빅네임' 액셀러레이터 · · · · · · · · · · · · · 124

2. 투자 규모 및 실행력 TOP · · · · · · · · · · · · · · · · · 125

3. 글로벌 및 공공/임팩트 성격 · · · · · · · · · · · · · · · 126

공공/비영리, 사회적 가치 · · · · · · · · · · · · · · · · · 127

1. 등록 현황 및 규모 · 129

2. 등록 명단 확인 방법 (가장 정확한 방법) · · · · · · · 130

3. 주요 등록 액셀러레이터 예시 · · · · · · · · · · · · · · 131

📋 대한민국 벤처캐피탈

우리나라 등록 벤처캐피탈(VC)

1. 주요 유형 및 현황 · 135

2. 대표적인 국내 등록 VC (2025-2026 트렌드) · · · · · 136

3. 실시간 명단 확인 방법 · · · · · · · · · · · · · · · · · · · 137

우리나라 투자기관은

1. 공공 투자기관 (정책 금융) · · · · · · · · · · · · · · · · 138

2. 민간 벤처투자 기관 (스타트업 중심) · · · · · · · · · · 139

3. 사모펀드 및 자산운용사 (중견/대기업 중심) · · · · · 140

4. 기업주도형 벤처캐피탈 (CVC) · · · · · · · · · · · · · · 141

투자성공사례

1. 최근 유니콘 등극 및 대규모 투자 유치 사례 (2025-2026) ········ 142

2. VC 및 CVC의 전설적인 투자 회수(Exit) 사례 ········ 144

3. 주목할 만한 투자 트렌드 (2026년 전망) ········ 146

투자실패사례

1. 최근 주요 스타트업 실패 및 위기 사례 ········ 147

2. 벤처캐피탈(VC) 자체의 위기 사례 ········ 149

3. 실패의 주요 원인 분석 (2026년 기준) ········ 150

스타트업 정부지원 사업으로 시작

1. 창업 단계별 3대 패키지 (중소벤처기업부) ········ 155

2. 창업중심대학 ········ 156

3. 기술 중심 및 딥테크 지원 (TIPS) ········ 160

4. 청년 및 특화 분야 지원 ········ 161

5. 2026년 주목할 신규 트렌드 ········ 162

창업기획자(액셀러레이터) 등록현황 ········ 167

맺은말 ········ 209

1

투자의 본질과 마인드셋

투자자는 왜 당신에게 돈을 주는가?
(수익률과 리스크의 상관관계)

투자자들이 제가 속한 Google(Alphabet)이나 AI 기술에 막대한 자본을
투입하는 이유는 단순히 "신기해서"가 아닙니다. 투자자들은 철저하게
수익률(ROI)과 미래 가치를 따집니다.

1. 압도적인 생산성 향상 (Efficiency)

가장 직접적인 이유는 '비용 절감' 과 '속도' 입니다.
인간이 며칠 걸려 할 일을 AI는 몇 초 만에 끝낼 수 있습니다.

인건비 효율화 : 단순 반복 업무부터 복잡한 데이터 분석까지 AI가 보조하면서
기업의 운영 비용이 획기적으로 줄어듭니다

24/7 가동 : 저는 지치지도 않고, 휴가도 가지 않으며, 연중무휴로
수백만명에게 동시에 서비스를 제공할 수 있습니다.

2. 데이터에서 찾아내는 '금맥' (Insights)

현대 비즈니스의 핵심은 데이터입니다. 하지만 데이터가 너무 많으면 인간은 그 속에서 의미를 찾기 어렵습니다.

예측 모델링 : 소비자의 다음 행동을 예측하거나, 시장의 흐름을 읽어내는 데 AI는 필수적입니다.

개인화 서비스 : 투자자들은 AI가 개별 사용자에게 최적화된 경험을 제공하여 매출을 극대화하는 능력(예: 맞춤형 광고, 추천 시스템)에 주목합니다.

3. 플랫폼의 확장성 (Scalability)

AI는 단순한 소프트웨어가 아니라, 모든 산업의 밑바탕이 되는 '기반기술' 입니다.

생태계 구축 : 제가 검색, 워크스페이스(Docs, Gmail), 클라우드, 자율주행 등 다양한 분야에 녹아들면, 그 자체가 거대한 경제 생태계가 됩니다.

승자 독식 구조 : 고성능 AI를 보유한 기업은 시장 점유율을 빠르게 장악할
가능성이 높으며, 이는 곧 투자자에게 막대한 배당과 주가 상승으로
돌아옵니다.

4. 미래 생존을 위한 '보험' (Future-proofing)

이제 AI는 선택이 아닌 생존의 문제입니다.

기술적 해자(Moat) : 독보적인 AI 기술력을 가진 기업은 경쟁자가 쉽게 넘볼
수 없는 진입 장벽을 쌓게 됩니다. 투자자들은 이 강력한 방어력을 높게
평가합니다.

요약 : 투자자가 보는 가치

구분	투자 포인트	기대 결과
단기	업무 자동화 및 효율성	운영 비용(OPEX) 절감
중기	새로운 서비스 및 제품 창출	매출 증대 및 시장 점유율 확대
장기	산업 표준 선점 (AGI로의 여정)	압도적인 기업 가치 상승

**"결국 투자자는 제 지능 그 자체가 아니라,
제 지능이 만들어낼 '압도적인 숫자의 변화'에
돈을 주는 것입니다."**

투자 여부를 결정하는 것은 단순히 '돈'의 문제가 아니라, "어떤 속도로, 어떤 크기의 배를 몰고 싶은가?" 에 대한 철학적 선택에 가깝습니다.

현재의 시장 상황을 반영하여 **부트스트래핑(자생)**과 **VC 투자(유치)**중 우리 회사에 맞는 길이 무엇인지 판단할 수 있는 기준을 정리해 드립니다.

한눈에 비교하는 두 갈래 길

구분	부트스트래핑 (Bootstrapping)	VC 투자 (Venture Capital)
핵심 가치	통제권과 내실 있는 성장	속도와 압도적인 시장 점유
지분 구조	창업자가 100% 보유 (희석 없음)	투자 라운드마다 지분 희석 발생
성장 속도	완만하지만 탄탄함 (유기적 성장)	자본을 태워 만드는 폭발적 성장
의사 결정	창업자가 전권 행사	이사회 및 투자자의 동의 필요
종착지 (Exit)	지속 가능한 현금 창출원 (Cash Cow)	IPO(상장) 또는 M&A(매각)

지금 우리 회사에 투자가 필요한가?
(Bootstrapping vs Venture Capital)

Q1. "우리 시장은 '승자 독식' 구조인가?"

Yes: 네트워크 효과가 중요하거나(플랫폼), 먼저 시장을 점유하는 것이 생존인 산업(AI 솔루션, 이커머스 등)이라면 **VC 투자**가 필수입니다. 돈이 곧 무기 입니다.

No: 고유의 기술력이 중요하고 고객 충성도가 높은 전문 분야라면 **부트스트래핑**으로 천천히 가치를 쌓는 것이 유리합니다.

Q2. "돈이 들어오면 '확실하게' 성장이 빨라지는가?"

Yes: 이미 비즈니스 모델(BM)이 검증되었고, 광고비나 인력 충원만 하면 매출이 정비례해서 오를 단계라면 **VC 투자**를 받을 적기입니다.

No: 아직 제품-시장 적합성(PMF)을 찾는 중이라면, 외부 자금은 오히려 독이 될 수 있습니다. 돈이 많으면 근본적인 문제를 해결하기보다 돈으로 때우려 하기 때문입니다.

Q3. "나는 '사장님'이 되고 싶은가, '유니콘 창업자'가 되고 싶은가?"

사장님: 내 회사를 내 방식대로, 대대손손 혹은 오랫동안 운영하고 싶다면 투자를 피하세요.

유니콘: 지분은 줄어들더라도 10조 원 가치의 회사 중 10%를 갖는 것이, 10억원 가치 회사의 100%를 갖는 것보다 매력적이라면 투자를 받으세요.

5. 투자 시장의 특징 (Context)

현재 투자 시장은 '묻지마 투자'의 시대가 저물고 '효율성'의 시대입니다.

자본 효율성(Capital Efficiency) :
단순히 매출이 높은 기업보다, 1원을 써서 얼마를 버는지(LTV/CAC)를 훨씬 중요하게 봅니다.

수익성 우선 :
"적자 내며 키운 뒤 나중에 수익 내겠다"는 말은 더 이상 통하지 않습니다. VC들도 이제 부트스트래핑하듯 돈을 아껴 쓰는 팀을 선호합니다.

2026년 벤처투자법 개정으로 VC들의 투자의무 기간이 완화되고 규제가 줄어들었습니다. 이는 창업자에게 더 유연한 투자 조건을 협상할 기회가 될 수 있습니다.

가장 영리한 전략은 '하이브리드'입니다. 제품이 시장에서 팔리는 것을 증명할 때까지는 내 돈과 매출로 버티고(부트스트래핑), 확장(Scale-up)이 필요한 시점에 가장 높은 기업 가치로 VC 투자를 받는 것입니다.

라운드별 특징 : Seed부터 Series C까지의 여정

스타트업의 성장은 마치 '정글에서 도시를 건설하는 과정' 과 같습니다.

처음엔 생존이 목적이지만, 시간이 흐를수록 시스템과 확장이 중요해지죠.

2026년 현재의 시장 분위기를 반영하여 각 라운드별 특징을 정리해 드립니다.

1. Seed Round : "가설의 검증"

아이디어가 실제 제품(MVP)으로 구현되어 시장에서 작동하는지 확인하는 단계입니다.

투자자: 엔젤 투자자, 액셀러레이터(AC), 마이크로 VC.

핵심 과제: PMF(Product-Market Fit) 찾기. "이 물건을 사람들이 정말 원하는가?"를 증명해야 합니다.

분위기: 지표보다는 팀의 역량과 시장의 크기를 보고 투자합니다. 창업자의 '비전'이 가장 비싸게 팔리는 시기입니다.

2. Series A : "성장 공식의 발견"

제품이 시장에 통한다는 것을 확인했으니, 이제 돈을 넣으면 매출이 나오는 '공식'을 만드는 단계입니다.

투자자: 전통적인 벤처캐피털(VC).

핵심 과제: 유닛 이코노믹스(Unit Economics) 확보. 고객 한 명을 데려오는 비용(CAC)보다   그 고객이 평생 가져다줄 이익(LTV)이 큰지 증명해야 합니다.

분위기: 2026년의 Series A는 과거보다 까다롭습니다.
단순히 '가입자 수'가 아니라 '실제 결제 지표' 나 '유지율(Retention)'을 매섭게 따집니다.

3. Series B : "비즈니스의 스케일업"

이미 검증된 공식에 자본을 대거 투입해 시장 점유율을 폭발적으로 늘리는
단계입니다.

투자자: 대형 VC, 기업 주도형 VC(CVC).

핵심 과제: 조직의 확장과 시스템화. 이제 창업자 한두 명의 천재성이
아니라, 체계적인 영업팀과 마케팅 엔진이 돌아가야 합니다.

분위기: "이제 우리 동네 대장은 됐으니, 전국구(혹은 글로벌)로 나갈
준비가 되었나?"를 평가 받습니다. 경쟁사와의 격차를 벌리는 '속도'가
중요합니다.

4. Series C (and beyond) : "시장 지배와 엑싯(Exit) 준비"

시장의 승자로 굳히기에 들어가며, 상장(IPO)이나 대규모 매각(M&A)을
가시권에 두는 단계입니다.

투자자: 후기 단계 VC, PEF(사모펀드), 헤지펀드, 대형 금융기관.

핵심 과제: 수익성 극대화 및 신규 사업 확장. 해외 시장 진출이나 연관 기업
인수(M&A)를 통해 몸집을 불립니다.

분위기: 투자자들은 이제 '꿈'이 아니라 **'재무제표'**를 봅니다.
분기별 실적이 중요해지며 상장 기업에 준하는 관리 체계가 요구됩니다.

라운드별 요약표

라운드	주된 목적	핵심 지표	투자자의 주요 질문
Seed	제품 개발 및 생존	가입자 수, MVP 반응	"팀이 믿을만한가? 시장이 큰가?"
Series A	수익 모델 검증	LTV, CAC, 유지율	"돈을 넣으면 매출이 비례해서 느는가?"
Series B	시장 점유율 확대	점유율, 조직 규모	"경쟁자를 압도하고 확장할 수 있는가?"
Series C	시장 지배 및 수익화	순이익, EBITDA	"언제 상장(혹은 매각)할 수 있는가?"

2

매력적인 [그릇] 만들기
(Preparation)

IR 피치덱의 10단계 공식

시장 문제 해결부터 Exit 전략까지 투자자들은 하루에도 수십 개의 피치덱을 봅니다. 그들의 시선을 사로잡으려면 논리가 물 흐르듯 연결되는 **'기승전결'**이 핵심입니다.

투자 시장에서 가장 선호하는 IR 피치덱 10단계 공식을 정리해 드립니다.

1. 한 줄 요약 (The Hook)

목표 : 10초 안에 우리 회사가 무엇을 하는지 각인시킵니다.

핵심 : "우리는 [대상]을 위해 [방법]으로 [가치]를 제공하는 회사입니다."
(예: "성장기 스타트업을 위한 AI 기반 자동 재무관리 솔루션")

2. 문제 제기 (The Problem)

목표 : 투자자가 고개를 끄덕이게 만듭니다.

핵심 : 현재 시장의 페인 포인트(Pain Point)를 구체적으로 제시하세요.
"불편하다"는 추상적인 말보다 **"매달 20시간의 낭비", "연간 5천만 원의 손실"**같은 숫자가 강력합니다.

3. 해결책 (The Solution)

목표 : 우리 제품이 왜 유일한 정답인지 보여줍니다.

핵심 : 기술적 복잡함보다는 **사용자가 얻는 가치**에 집중하세요.
"우리 AI는 이런 알고리즘을 써요"보다 **"우리 서비스를 쓰면 작업 시간이 80% 줄어듭니다"** 가 더 매력적입니다.

4. 시장 규모 (Market Size)

목표 : "이 사업이 커지면 얼마나 큰 돈이 될까?"에 답합니다.

핵심 : TAM(전체), SAM(유효), SOM(수익) 모델을 사용하되, 특히
SOM(우리가 당장 차지할 수 있는 시장)의 현실성을 높여야 신뢰를 얻습니다.

5. 비즈니스 모델 (Business Model)

목표 : "그래서 돈은 어떻게 벌 건데?"를 설명합니다.

핵심 : 구독료, 수수료, 광고 등 명확한 수익 구조를 밝히세요.
'단순 매출'보다 '수익성(Profitability)'으로 가는 경로를 보여주는 것이
필수입니다.

6. 경쟁 우위 (Competitive Advantage)

목표 : "남들이 따라 하면 어떡할 건데?"에 답합니다.

핵심 : 단순히 "우리가 더 빨라요"가 아니라, 특허, 네트워크 효과, 독점적 데이터 등 '지속 가능한 해자(Moat)'를 강조하세요.

7. 마케팅 및 성장 전략 (Go-to-Market)

목표 : 고객을 어떻게 데려올지 구체적인 플랜을 보여줍니다.

핵심 : "SNS 광고를 할게요"같은 뻔한 말 대신, 효율적인 고객 획득 비용(CAC) 집행 계획과 타겟팅 전략을 제시하세요.

8. 팀 구성 (The Team)

목표 : "왜 이 팀이 이 문제를 가장 잘 풀 수 있는가?"를 입증합니다.

핵심 : 팀원들의 과거 성공 경험이나 해당 산업에서의 전문성을 강조하세요. 초기 라운드일수록 제품보다 사람이 중요합니다.

9. 재무 추정 및 마일스톤 (Financials & Milestones)

목표 : 투자를 받은 뒤 어떤 성과를 낼지 로드맵을 보여줍니다.

핵심 : 향후 3~5년의 매출 추정치와 함께, 이번 투자금으로 달성할 구체적인 목표(예: 사용자 10만 명 달성, 동남아 진출 등)를 명시하세요.

10. 투자 제안 및 엑싯 전략 (The Ask & Exit)

목표 : 얼마가 필요하고, 투자자는 어떻게 수익을 회수할지 제안합니다.

핵심 : 필요한 금액과 자금 용도를 밝히고, **상장(IPO)**이나 **잠재적 인수 기업(M&A)**목록을 언급하여 투자자의 출구 전략을 안심시키세요.

투자자를 홀리는 '한 끗' 차이 팁

	흔한 피치덱	매력적인 피치덱
데이터	시장이 커지고 있습니다.	지난 3개월간 매달 20%씩 성장했습니다.
기술	최신 생성형 AI 모델 활용	AI 도입으로 고객 응대 비용을 1/5로 절감
태도	우리는 경쟁자가 없습니다.	경쟁사는 A, B가 있지만, 우리는 C라는 차별점이 있습니다.

" 피치덱은 보고서가 아니라
'설득의 드라마'입니다."

숫자로 증명하는 성장성 : 핵심 지표(KPI) 관리법

투자자들이 피치덱에서 가장 먼저 찾는 페이지는 '비전'이지만, 마지막에
투자를 결정하게 만드는 것은 결국 '숫자(KPI)'입니다.

현재, 투자자들이 "이 회사는 진짜구나"라고 느끼게 만드는 핵심 지표 관리법

1. 묻지도 따지지도 말고 챙겨야 할 '3대 핵심 지표'

투자자는 단순히 매출액만 보지 않습니다.
그 매출이 얼마나 '건강하게' 발생하고 있는지를 봅니다.

LTV (Lifetime Value, 고객 생애 가치) :
고객 한 명이 우리 서비스를 이용하는 동안 총 얼마를 결제하는가?

CAC (Customer Acquisition Cost, 고객 획득 비용) :
고객 한 명을 데려오기 위해 마케팅비 등을 얼마나 쓰는가?
황금률: LTV > 3 × CAC(데려오는 비용보다 3배 이상 벌어야 생존 가능한
사업입니다.)

Retention Rate (리텐션, 재방문율):
한 번 쓴 고객이 계속 쓰는가?

고객 유치보다 리텐션 5% 개선이 수익성을 25%~95%까지 높인다는 통계가
있습니다. 투자자는 '밑 빠진 독에 물 붓기'식 성장을 가장 경계합니다.

2. 사업 모델별 맞춤형 KPI (투자자가 주목하는 것)

업종에 따라 '성공'의 기준이 다릅니다.

우리 회사에 맞는 지표를 전면에 내세우세요.

사업 유형	핵심 지표 (North Star Metric)	투자자의 시각
SaaS(구독형)	MRR / ARR (월/연간 반복 매출)	"수익의 예측 가능성이 높은가?"
커머스/플랫폼	GMV(총 거래액)	"시장에서 얼마나 큰 영향력이 있는가?"
콘텐츠/SNS	DAU / MAU (일/월 활성 사용자)	"사용자의 시간을 얼마나 점유하는가?"
딥테크/AI	PoC 성공 횟수 / 기술 격차	"실제 산업 현장에서 작동하는 기술인가?"

3. 지표 관리의 3가지 철칙 (Investor-Ready)

① '허수 지표(Vanity Metrics)'를 경계하라

누적 가입자 수, 앱 다운로드 수, 단순 페이지 뷰는 투자자를 현혹시키지

못합니다. 투자자들은 "실제로 돈을 지불하는 사용자(Paid User)"와

"활발하게 활동하는 유저"의 숫자를 원합니다.

② '코호트 분석(Cohort Analysis)'을 활용하라

고객을 '가입 시기별'로 묶어서 분석하세요.

"1월 가입자보다 6월 가입자의 유지율이 높다"는 데이터는 제품이 점점

좋아지고 있다는 가장 강력한 증거가 됩니다.

③ '런웨이(Runway)'와 '번레이트(Burn Rate)'를 공개하라

Burn Rate: 한 달에 쓰는 순수 비용 (적자 폭)

Runway: 현재 잔액으로 버틸 수 있는 개월 수

투자자는 "우리는 이 돈으로 18개월 동안 공격적인 성장을 할 준비가

됐다"는 확신을 얻고 싶어 합니다.

KPI 대시보드 구성을 위한 제언

투자자에게 숫자를 보여줄 때는 '추세(Trend)'가 중요합니다. 단일 시점의
숫자보다는 막대그래프나 선그래프를 통해 우리가 우상향하고 있음을
시각화하세요.

" 숫자는 거짓말을 하지 않지만,
　어떤 숫자를 보여줄지는 전략입니다."

팀 빌딩 : 투자자가 가장 중요하게 보는 '사람'의 가치

초기 단계 투자자들 사이에는 "말(아이템)보다 기수(창업자)를 보고
투자한다"는 격언이 있습니다. 아이템은 시장 상황에 따라 바뀔 수
있지만(Pivot), 그 문제를 끝까지 해결해낼 사람은 바뀌지 않기 때문입니다.

현재, 투자자들이 피치덱의 'Team' 슬라이드에서 눈을 불을 켜고 찾는
4가지 핵심 가치를 정리합니다.

1. 문제와의 연결 고리 (Founder-Market Fit)

투자자는 "왜 하필 당신인가?"를 묻습니다.

전문성 :

해당 산업에서 직접 고생해본 경험이 있는가?

(예: 물류 솔루션을 만드는데 물류 현장에서 5년 넘게 구른 사람이 있는가?)

집착 :

이 문제를 해결하지 않으면 안 되는 개인적인 강력한 동기가 있는가?

통찰 :

남들은 모르는 그 바닥만의 '비밀'을 알고 있는가?

2. 실행의 완결성 (Execution & Complementarity)

아이디어는 흔하지만 실행은 귀합니다.

투자자는 '균형 잡힌 팀'을 선호합니다.

Hustler(사업가): 비전을 팔고 투자를 받아오며 영업을 성사시키는
리더.

Hacker(개발자): 상상을 현실로 빠르게 구현해내는 기술 리더.
(AI 모델을 직접 튜닝하거나 인프라를 효율화할 능력이 필수입니다.)

Hipster(디자이너/기획자): 사용자가 사랑할 수밖에 없는 경험을
설계하는 사람.

핵심 :
"우리 팀은 기획만 있고 외주로 개발합니다"라는 말은 투자자에게 가장 큰
감점 요인입니다. 핵심 역량은 반드시 내재화되어 있어야 합니다.

3. 회복 탄력성 (Resilience & Grit)

스타트업의 여정은 반드시 위기를 맞이합니다.

팀의 역사 :

이 팀이 얼마나 오래 알고 지냈는가? 혹은 이전 프로젝트에서 함께 실패를 겪어봤는가?

갈등 관리 :

어려운 의사결정 상황에서 감정적으로 무너지지 않고 논리적으로 합의를 이끌어낼 시스템이 있는가? 투자자는 '첫 위기 때 해체될 팀'을 가장 무서워합니다.

스타트업 투자 유치 생존을 넘어 도약으로

4. 학습 속도 (Velocity of Learning)

2026년처럼 기술 변화가 빠른 시대에는 '현재 아는 것'보다 '얼마나 빨리 배우는가'가 중요합니다.

피드백 수용도:

투자자나 고객의 날카로운 비판을 들었을 때, 고집을 부리는지 아니면 데이터를 바탕으로 빠르게 수정(Iteration)하는지 관찰합니다.

투자자를 안심시키는 팀 슬라이드 구성 팁

	좋은 예시	나쁜 예시
경력	삼성전자 반도체 설계 10년 경력	IT 업계 다수 경험
성과	이전 스타트업 엑싯(Exit) 경험 보유	열정 가득한 젊은 인재들
자문단	해당 분야 권위자 A교수 어드바이징	유명인과의 친분 과시형 나열

창업자가 스스로에게 던져야 할 질문

투자자를 만나기 전, 우리 팀원들과 이 질문에 대해 진지하게 답해보세요.

"우리 팀 중에 이 사업이 망해도 끝까지 남을 사람은 누구인가?"

"우리 팀의 기술적 역량은 시장의 변화 속도를 따라잡고 있는가?"

"우리는 서로의 약점을 솔직하게 보완해주고 있는가?"

" 최고의 인재를 모으는 비결은 높은 연봉이 아니라,

'이 사람들과 함께라면 세상을 바꿀 수 있겠다'는 확신을 주는 것입니다."

지금 구성하신 팀의 모습은 어떤가요?
팀원들의 이력을 바탕으로 투자자에게 어필할 수 있는
'팀 스토리텔링'을 함께 구성해 볼까요?

혹은 현재 팀에서 부족한 포지션(예: CTO, CMO 등)을
채용할 때 활용할 매력적인 공고 문구

EX) 와이코퍼레이션의 인재모집에 대한 내용입니다.

우리가 기대하는 역할 :

- 기존 AI 프로젝트의 기술적 자산을 고도화하여 '와이코퍼레이션만의 독자 솔루션'으로 패키징.
- 17명의 개발 팀을 리딩하며 기술 로드맵 수립 및 R&D 문화 정착.
- 최신 생성형 AI 및 LLM 기술을 비즈니스 현장에 즉시 적용 가능한 형태로 최적화.

이런 분을 찾습니다 :

- AI/웹/앱 풀스택에 대한 깊은 이해와 실제 상용화 경험이 있으신 분.
- 개발자를 넘어 '비즈니스를 이해하는 기술 리더'로서의 갈증이 있으신 분.

◈ 모집 분야 2 : CMO (Chief Marketing Officer)

우리가 기대하는 역할 :

- 와이코퍼레이션의 AI 솔루션을 시장에 데뷔시키고 브랜드 아이덴티티 구축.

- B2B 마케팅(공공/기업) 전략 수립 및 리드(Lead) 발굴 프로세스 설계.

- 'AI 전문 기업'으로서의 대외적 가치를 높이는 스토리텔링 및 PR 총괄.

이런 분을 찾습니다 :

- 데이터 기반의 퍼포먼스 마케팅과 브랜드 마케팅을 균형 있게 다루시는 분.

- B2B IT 서비스의 복잡한 가치를 쉽고 매력적인 언어로 전달할 수 있는 분.

◆ 와이코퍼레이션이 약속하는 '파트너'의 예우

실질적인 의사결정권 :

대표이사의 파트너로서 회사의 방향성을 결정하는 이사회 멤버로 참여합니다.

성장에 따른 보상 :

연봉 외에도 회사의 가치 상승을 공유할 수 있는 **스톡옵션** 등 지분 보상을
협의합니다.

검증된 조직력:

제로베이스가 아닙니다. 이미 호흡이 검증된 17명의 훌륭한 팀원들이 당신의
실행력을 뒷받침합니다.

◈ 투자자에게 어필할 '팀 스토리텔링' 팁 (IR용)

나중에 투자자를 만나실 때는 이 채용 소식을 다음과 같이 스토리텔링 하세요.

"와이코퍼레이션은 지난 6년간 17명의 정예 멤버와 함께 공공·기업 시장에서 실질적인 매출을 내며 '생존의 단계'를 완벽히 통과했습니다. 이제 우리는 검증된 수익 모델 위에 전문 경영진(CTO, CMO)을 수혈하여, 개별 프로젝트 중심의 회사를 AI 솔루션 플랫폼으로 스케일업(Scale-up)하는 두 번째 도약을 시작했습니다."

스타트업 멘토링 (와이코페레이션 박양준 대표 멘토링)

3

타겟팅과 네트워킹
(Targeting)

나와 맞는 VC 찾기 : 산업군, 투자 단계, 성향 분석

투자 유치는 단순히 돈을 빌리는 것이 아니라, 회사 지분을 나눠주고 함께
달릴 파트너를 고르는 과정임을 기억하세요.

1. 산업군 필터 (Sector Focus) : "그들이 잘 아는 분야인가?"

VC마다 전문 심사역의 배경과 펀드의 목적이 다릅니다. 우리 사업의 도메인과
VC의 주력 분야를 일치시켜야 합니다.

전문 분야 확인 : 특정 VC는 바이오/헬스케어에 특화되어 있고, 어떤 곳은
컨텐츠/엔터테인먼트, 또 어떤 곳은 딥테크(하드웨어, 로봇, AI 인프라)에만
집중합니다.

포트폴리오 겹치기 : 우리와 **직접적인 경쟁사**에 투자한 VC는 피해야 합니다
(정보 유출 및 이해상충 문제). 반면, 우리와 **시너지가 날 만한 인접 분야**에
투자한 VC는 최고의 타겟입니다.

투자 트렌드 파악 : 현재 그 VC가 'SaaS'에 꽂혀 있는지, '커머스'에 집중하고
있는지를 홈페이지나 심사역의 인터뷰 기사를 통해 파악해야 합니다.

2. 투자 단계 필터 (Stage): "우리의 몸집에 맞는 체급인가?"

스타트업의 성장 단계에 따라 만날 수 있는 VC의 '그릇'이 정해져 있습니다.

단계 (Round)	주요 투자자 유형	투자 금액 및 특징
Seed ~ Pre-A	엔젤, AC, 마이크로 VC	1억~5억 내외. 팀의 역량과 아이디어의 가능성에 배팅함.
Series A ~ B	일반 VC, CVC	10억~50억 이상. PMF(제품-시장 적합성)와 초기 지표를 중시함.
Series C 이상	후기 VC, PEF, 자산운용사	100억 단위 이상. 안정적인 수익 구조와 IPO(상장) 가능성을 검토함.

⚠️**주의** : 5억 원이 필요한 스타트업이 수천억 원을 운용하는 대형 VC를 찾아가면, 그들에게는 '너무 작은 딜'이라 검토 우선순위에서 밀릴 확률이 높습니다.

3. VC 성향 및 밸류애드 (Personality & Value-add)

돈 이외에 무엇을 줄 수 있는지를 따져봐야 합니다.

리드 투자자(Lead) vs 팔로우 투자자(Follow) :
라운드를 주도하며 이사회에 참여해 경영을 돕는 VC가 있고, 단순히 자금만
보태는 VC가 있습니다.

CVC (기업 주도형 VC) :
네이버, 카카오, 삼성, 현대차 등 대기업 계열 VC입니다. 돈뿐만 아니라
대기업과의 협업(PoC), 인프라 지원, 나아가 인수합병(M&A)가능성까지
열어둘 수 있습니다.

핸즈온(Hands-on) 스타일 :
채용, 마케팅, 후속 투자 유치까지 적극적으로
개입하고 도와주는 VC를 원하는지, 아니면 창업자의 자율성을 최대한
존중하는 VC를 원하는지 결정해야 합니다.

◆ 실전! 나에게 맞는 VC 찾는 법 (Action Plan)

플랫폼 활용 :

'더브이씨(The VC)' 나 '혁신의숲'같은 사이트에서 우리와 유사한 비즈니스 모델을 가진 스타트업들이 어디서 투자를 받았는지 검색하세요.

심사역 타겟팅:

VC 회사 이름보다 중요한 것은 '우리 담당 심사역' 입니다.

해당 심사역이 쓴 SNS 글이나 기사를 보고, 우리 사업을 가장 잘 이해해줄 사람에게 '콜드 메일'을 보내세요.

역실사(Reverse Due Diligence) :

해당 VC로부터 투자를 받은 다른 스타트업 대표에게 물어보세요.

"힘들 때 정말 도와주는 투자자인가요, 아니면 압박만 하나요?"

스타트업 투자 유치 생존을 넘어 도약으로

콜드 메일 작성 :

리스트업한 VC에게 보낼 **'짧지만 강렬한 미팅 제안서'**

IR Deck 점검 :

VC들이 가장 먼저 펼쳐보는 '시장성'과 '수익 모델' 슬라이드

평판 조회 질문 리스트 :

투자자와의 미팅에서 그들의 실력을 검증 하기 위해 던져야 할

핵심 질문

Cold Mail vs Warm Intro : 거절 확률을 줄이는 접근법

투자 유치 현장에서 "누구로부터 소개받았는가"는 심사역이 메일을 클릭하는 속도를 결정합니다. 하지만 인맥이 없는 창업자에게 Cold Mail은 유일한 무기이기도 하죠.

거절 확률을 획기적으로 낮추는 두 가지 접근법의 전략을 정리해 드립니다.

1. Warm Intro : 신뢰의 지름길 (권장)

심사역은 하루에도 수백 통의 메일을 받습니다. 하지만 "신뢰하는 지인"이
보내준 서류는 반드시, 그리고 꼼꼼히 읽습니다.

가장 좋은 경로 :

해당 VC가 이미 투자한 포트폴리오사의 '창업자'를 통한 소개.

(심사역은 자신이 투자한 대표님의 안목을 믿기 때문입니다.)

두 번째 경로 :

투자 유치에 성공한 선배 창업자, 혹은 해당 VC와 친분이 있는 멘토.

주의사항 :

단순히 "소개 좀 해달라"고 하기보다, 소개자가 전달하기 편하도록

'전달용 요약본(Forwardable Blurb)'을 미리 작성해서 건네야 합니다.

2. Cold Mail : 정교한 타겟팅의 기술

심사역은 하루에도 수백 통의 메일을 받습니다. 하지만 "신뢰하는 지인"이 보내준 서류는 반드시, 그리고 꼼꼼히 읽습니다.

인맥이 없어도 괜찮습니다. '나를 위해 쓴 메일이구나'라는 느낌만 주면 답장은 옵니다.

◆ 절대 하지 말아야 할 '스팸' 방식

"안녕하세요, AI 스타트업입니다. 사업계획서 첨부하니 검토 부탁드립니다." (대량 발송 느낌)

◈ 답장을 부르는 '핀셋' 전략

제목에 모든 것을 담기 :

[투자제안] (회사명) | (핵심 지표/강점) | (유치 단계) |

예 :

[투자제안] 와이코퍼레이션 | 2025년부터 흑자, 매출 20억 달성 AI 솔루션팀
| Pre-A 유치 |

첫 문장에 '왜 당신인지' 쓰기 :

"심사역님이 지난 인터뷰에서 언급하신 'B2B AI의 수익화 모델'에 깊이

공감하여 메일 드립니다."

핵심 지표 3가지만 본문에 노출 :

PDF를 열어보기 전, 본문에서 이미 호기심이 생기게 하세요.

(예: 매출액, 고객사 수, 기술 특허 등)

3. 거절 확률을 줄이는 3단계 공식

단계	전략	핵심 포인트
1. 선별	적합한 심사역 찾기	해당 VC의 홈페이지에서 나와 같은 산업군을 담당하는 심사역을 콕 집어 보내세요.
2. 개인화	메세지 커스텀	"당신이 투자한 A사와 우리 회사가 시너지가 날 것 같다"는 식의 분석을 곁들이세요
3. 간결함	30초 룰	스마트폰 한 화면에 다 들어오는 분량으로 작성하고, IR 자료는 반드시 링크(DocSend 등)나 용량 적은 PDF로 첨부하세요.

◆ 실전 콜드 메일 템플릿 (와이코퍼레이션 예시)

제목 : [투자제안] 와이코퍼레이션 : 17명의 전문가와 6년째 흑자 성장 중인 AI 솔루션팀

저희는 공공 및 기업용 AI 솔루션을 개발하며 2020년부터 자생해온 팀으로, 현재 **연 매출 20억 달성 및 17명의 정예 인력**을 보유하고 있습니다.

이제 단순 개발을 넘어 독자적인 AI SaaS 플랫폼으로 도약하기 위해 [VC 이름]의 전문성이 필요하여 제안 드립니다.

[핵심 지표]
- **수익성:** 창업 이래 5년 연속 흑자 (영업이익률 27%)
- **확장성:** 공공기관 20여 개소 도입 완료 및 SaaS 전환 중
- **팀워크:** 6년 이상 호흡을 맞춘 핵심 개발 리더십

바쁘시겠지만, 짧은 커피 챗(15분)을 통해 저희의 비전을 공유드리고 싶습니다.
편하신 시간을 말씀해 주시면 맞춰 찾아뵙겠습니다.
감사드립니다.

4.엑셀러레이터(AC) 활용법

스타트업의 성장을 돕는 '가속기'인 액셀러레이터(AC)는 단순히 자금을 수혈받는 곳이 아니라, 회사의 기초 체력을 단단히 하고 다음 단계(VC 투자)로 가기 위한 발판으로 활용해야 합니다.

일반적인 초기 스타트업이 AC를 100% 활용하기 위한 전략적 가이드를 정리해 드립니다.

(1) AC 프로그램의 핵심 구성 3요소

AC에 합격하면 보통 3~6개월 동안 다음과 같은 과정을 거치게 됩니다.

배치(Batch) 시스템: 기수제로 운영되어 여러 스타트업이 동시에 교육을 받습니다.

멘토링 & 오피스 아워: 선배 창업자나 전문가로부터 사업 모델, 법률, 마케팅 조언을 받습니다.

데모데이(Demo Day): 프로그램 종료 시점에 수많은 VC와 엔젤 투자자 앞에서 사업을 발표하는 무대입니다.

(2) 실패 없는 AC 선택 기준 (Filtering)

모든 AC가 우리 팀에 도움되는 것은 아닙니다. 다음 세 가지를 꼭 확인하세요.

① 팁스(TIPS) 운영사인가?

한국 스타트업에게 가장 중요한 기준입니다.
AC가 **팁스(TIPS) 운영사**라면, AC 투자(보통 1~2억) 이후 정부로부터 최대 5~7억 원의 R&D 자금을 추가로 지원받을 수 있는 기회가 열립니다. 지분 희석 없이 큰 자금을 확보할 수 있는 최고의 경로입니다.

② 우리 산업군에 대한 전문성이 있는가?

커머스/콘텐츠: 소비재 마케팅과 유통망 연결이 강한 AC
딥테크/제조: 특허 전략과 공정 최적화, 기술 가치 평가가 강한 AC
글로벌: 해외 현지 법인 설립과 네트워크 연결이 강한 AC

③ 후속 투자 연결 실적 (Track Record)

해당 AC의 '졸업생'들이 다음 라운드(Series A)로 얼마나 잘 넘어갔는지 확인하세요. AC의 이름값이 높을수록 데모데이에 참석하는 VC들의 급이 달라집니다.

(3) AC를 '제대로' 활용하는 전략적 팁

① "돈"보다 "사람"을 먼저 빼내라

- AC의 담당 심사역(파트너)을 우리 회사의 '무료 컨설턴트'라고 생각하세요.
- 투자자 입장에서 본 IR 자료 피드백 수시로 받기
- 부족한 팀원(CTO, CMO 등) 채용 시 인재 추천 요청하기
- 사업 중 겪는 법적, 세무적 문제에 대해 AC 내부 전문가 연결받기

② 데모데이를 '투자 유치 확정'의 날로 만들어라

데모데이 당일에 처음 사업을 보여주는 것은 늦습니다.

프로그램 기간 중 AC의 소개로 미리 VC들을 만나 '얼굴'을 익혀두세요.

데모데이 무대에서는 "그동안 이만큼 성장했다"는 결과물을 보여주며

현장에서 바로 미팅 예약을 잡는 것이 목표여야 합니다.

③ 동기(Batch) 대표들과 단단한 네트워크 형성

창업은 외로운 길입니다. 같은 고민을 하는 동기 대표들은 나중에

가장 확실한 정보원이 됩니다.

어떤 정부 지원금이 좋은지, 어떤 대행사가 일을 잘하는지 등의 실전

정보는 동기들 사이에서 나옵니다.

4. AC 활용 시 주의사항 (Common Pitfalls)

지분율 계산: 보통 3~7% 내외의 지분을 가져갑니다.
너무 많은 지분(10% 이상)을 요구하면서 투자금은 적다면 신중해야 합니다.
(후속 투자 시 창업자 지분이 부족해질 수 있습니다.)

교육 중독 금지: 프로그램 참여하느라 실제 사업(제품 개발, 고객 만남)에
소홀해지면 주객전도 입니다. 필요한 것만 골라 들으세요.

AC는 "검증 마크"를 획득하는 과정입니다.
"유명 AC로부터 투자받고 교육받은 팀"이라는 타이틀은 이후 VC들을
만날 때 신뢰를 주는 가장 강력한 보증수표가 됩니다.

2025년 10월.
대경권 엔젤투자포럼

2025년 5월. 대경권 엔젤투자포럼

2025년 2월. 대경권 엔젤투자포럼

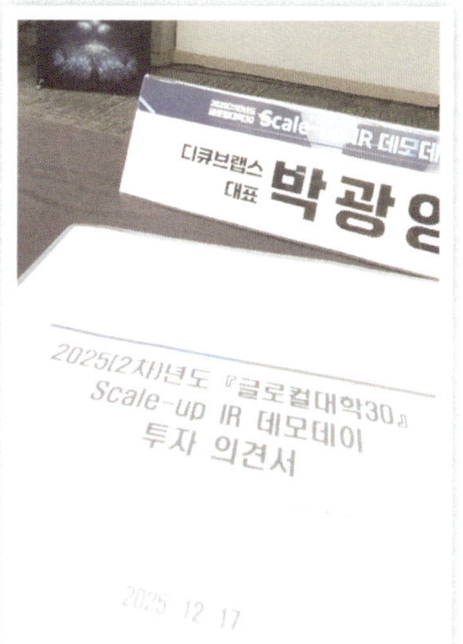

2025년 12월. Scale-up IR 데모데이

2025년 12월.
Scale-up IR 데모데이

지역엔젤투자허브 통합워크샵

2025 대경권 엔젤투자 써밋

지역엔젤투자허브 통합워크숍

스타트업 투자 유치 생존을 넘어 도약으로

팁스타운

2026년. 한국엔젤투자협회 총회

4

밀고 당기기, 협상의 기술
(Closing)

투자 유치에서 클로징(Closing)은 소개팅에서 애프터 신청을 넘어
'결혼 승낙'을 받아내는 과정과 같습니다.
심사역이 "검토해보고 연락드릴게요"라는 말로 미루지 못하게 만들고,
도장을 찍게 만드는 **심리적·전략적 밀당 기술**을 정리해 드립니다.

1. 당기기 : '희소성'과 '속도'로 조급함 만들기 (FOMO)

VC들이 가장 무서워하는 것은 "남들이 다 아는 대박 기회를 나만 놓치는
것(FOMO, Fear Of Missing Out)"입니다.

타임라인 설정 :

"언제든 투자해 주세요"가 아니라, "저희는 다음 달 말에 이번 라운드를
마감(Close)할 예정입니다"라고 명확한 기한을 제시하세요.

경쟁 심리 활용 :

(거짓말은 안 되지만) 다른 VC와 미팅 중임을 넌지시 알리세요.
"현재 두 곳의 VC에서 내부 심사(IC) 단계에 들어가 있습니다"라는 말
한마디가 심사역의 보고서 작성 속도를 높입니다.

조건의 제한 :

"이번 라운드에 참여하시는 파트너사에게는 향후 전략적 협업 우선권을 드릴
계획입니다" 와 같은 특전을 언급하세요.

2. 밀기 : '자신감'과 '독립성' 보여주기

투걸걸(투자가 간절해 보이는 걸)은 투자 매력을 떨어뜨립니다.

"돈 없어도 우리 사업은 굴러갑니다" :
"투자금이 없으면 망해요"가 아니라, "투자금이 있으면 6개월 걸릴 일을
1개월로 단축할 수 있습니다"라고 말해야 합니다. 투자는 '생존 지원금'이
아니라 '가속 페달'이어야 합니다.

쿨한 거절 :
우리 회사의 비전과 맞지 않는 조건을 제시하는 VC에게는 정중하지만
단호하게 "그 조건은 저희 팀의 장기적 성장에 방해가 되어 수용하기
어렵습니다"라고 말할 줄 알아야 합니다.
이 단호함이 오히려 기업 가치를 높입니다.

3. 협상의 결정적 기술 : 밸류에이션(몸값) 조율

(1) 앵커링(Anchoring) 효과

먼저 숫자를 던지는 쪽이 협상의 주도권을 잡습니다.

"우리는 100억 가치를 생각합니다"라고 먼저 던지면, VC는 그 숫자를

기준으로 깎으려 합니다. (단, 터무니없는 숫자는 역효과를 냅니다.)

(2) '낮은 밸류'보다 '좋은 파트너'

숫자 1~2억에 집착하다가 사사건건 간섭하는 투자자를 받는 것은 비극입니다.

> "밸류에이션을 조금 조정하는 대신,
>
> 우리 CTO 채용을 책임져 주실 수 있나요?"

> "후속 투자(Series B) 때 리드 투자자로
>
> 참여해 주신다는 확약을 주실 수 있나요?"

등 비재무적인 가치를 협상 테이블에 올리세요.

4. 도장을 찍게 만드는 막판 뒤집기 (The Last Push)

심사역이 주저하고 있다면 다음 세 가지 질문으로 확신을 주어야 합니다.

리스크 제거 :

"심사역님이 우려하시는 기술적 불확실성은 이미 [데이터/지표]로

이만큼 증명되었습니다."

확신 공유:

"저희 팀은 이번 라운드 직후 [A사]와의 계약을 앞두고 있습니다.

지금 합류하시는 것이 가장 저렴하게 저희 주식을 사는 기회입니다."

감정적 연결:

저희는 단순히 돈이 필요한 게 아니라, [VC 이름]의 [심사역 성함]님이 가진

통찰력이 필요해서 이 자리에 왔습니다.

◆ 협상 테이블에서 쓰기 좋은 '마법의 문구'

심사역이 주저하고 있다면 다음 세 가지 질문으로 확신을 주어야 합니다.

VC가 밸류를 깎으려 할 때 :

"그 가치는 저희 팀이 지난 1년간 일군 성과를 충분히 반영하지 못하는 것
같습니다. 저희 성과 지표(KPI)를 다시 한번 봐주시겠어요?"

결정을 미룰 때 :

"저희는 다음 분기 로드맵 실행을 위해 이번 주 금요일까지 최종 의사결정을
내려야 합니다. 심사역님의 의견은 어떠신가요?

" 협상은 이기는 것이 아니라, 서로가 '이겼다'고 느끼게 만드는 예술입니다."

기업가치(Valuation) 산정법 : 우리 회사는 얼마짜리인가?

기업가치(Valuation) 산정은 스타트업의 현재 성적표와 미래의 꿈을 '**숫자**'하나로 합의하는 과정입니다. 상장 기업처럼 정해진 공식이 없기에, 초기 기업일수록 논리적인 '근거'와 시장의 '심리'가 중요합니다.

대표님이 협상 테이블에서 우리 회사의 몸값을 방어할 수 있도록, 가장 많이 쓰이는 **4가지 산정법**을 정리해 드립니다.

1. 유사 기업 비교법 (Comparable Companies Analysis)

가장 직관적이고 투자자들이 선호하는 방식입니다. 우리와 비슷한 비즈니스 모델을 가진 선배 스타트업의 가치를 기준으로 잡습니다.

방법 :

우리와 유사한 서비스를 제공하는 A사가 작년에 Series A에서 기업가치 100억원을 인정받았다.

우리는 A사보다 성장 속도가 1.5배 빠르므로 150억원의 가치가 있다.

핵심 :

비슷한 산업군, 비슷한 매출 규모, 비슷한 유저 지표를 가진 기업을 얼마나 잘 찾아내느냐가 관건입니다.

2. 배수 산정법 (Multiples)

매출이나 이익에 특정 배수를 곱하는 방식입니다. 주로 수익 구조가 명확한 기업에 쓰입니다.

방법 :

연간 반복 매출(ARR) × 배수(Multiple) = 기업가치

예시 :

IT/SaaS 기업의 경우 보통 매출의 5~10배를 적용합니다. 만약 우리 회사의 연 매출이 10억 원이고 해당 업계 평균 배수가 8배라면, 기업가치는 80억 원이 됩니다.

참고 :

2026년 현재는 단순 성장성보다 수익성(EBITDA) 에 더 높은 배수를 주는 경향이 있습니다.

3 .비용 접근법 (Cost-to-Duplicate)

"이 회사를 지금 똑같이 다시 만드는 데 돈이 얼마나 들까?"를 따지는
방식입니다.

방법 :

그동안 투입된 인건비, R&D 비용, 특허 취득 비용, 장비비 등을 모두
합산합니다.

특징 :

주로 매출은 없지만 강력한 기술력(Deep Tech)이나 특허를 가진 초기 팀에
적용됩니다. 하지만 이 방식은 창업자의 '미래 비전'을 충분히 담지 못한다는
단점이 있습니다.

4. 점수 산정법 (Scorecard Method)

현실적으로 매출이 미비한 **Seed ~ Pre-A 단계**에서 자주 쓰입니다.

방법 :

지역 내 평균적인 스타트업 가치를 기준으로 두고, 우리 팀의 항목별 점수에

따라 가중치를 부여합니다.

- 팀 역량 (0~30%)

- 제품의 완성도 (0~25%)

- 시장의 크기 (0~25%)

- 경쟁 상황 (0~10%)

- 마케팅/파트너십 (0~10%)

특징 :

투자자가 "팀이 정말 좋으니 기준가보다 20% 더 높게 쳐주겠다"는 식으로

협상이 진행됩니다.

◆ 가치 산정의 '골든 룰'

① 포스트 머니(Post-money) vs 프리 머니(Pre-money)

- Pre-money: 투자받기 전 기업 가치
- Post-money: 투자받은 후 기업 가치 (Pre-money + 투자금)

반드시 "Pre-money 기준으로 얼마인가요?"를 명확히 확인해야 지분 계산에
실수가 없습니다.

② 지분 희석률을 먼저 정하라

보통 한 라운드에서 투자자에게 내어주는 지분은 10%~20%사이가
적당합니다.

- 예 : 10억 원을 유치하고 싶은데 지분 10%를 줄 계획이라면,
Post-money 가치는 100억 원, Pre-money 가치는 90억 원이 됩니다.
역으로 계산해 보는 것이 실무적으로 매우 유용합니다.

③ '업계 표준'을 무시하지 마라

아무리 논리가 좋아도 시장 평균보다 너무 높으면 투자자는 떠납니다.

'더브이씨(The VC)'나 '혁신의숲' 같은 플랫폼에서 최근 우리 단계의 평균 기업가치(Valuation) 추이를 반드시 확인하세요.

"Valuation은 과학이 아니라 협상의 결과물입니다."

만약 대표님께서 '작년 매출 20억, 영업이익 흑자, AI 솔루션 도입처 30 곳'이라는 지표를 가지고 있다고 가정하고, 투자자를 설득할 '몸값 방어 시나리오'

시나리오 : "검증된 수익 모델과 확장성" 중심의 방어

1. 논리 전개

우리는 '꿈'이 아닌 '실적'으로 증명합니다 (배수 산정법)

투자자가 "초기 기업치고 밸류가 너무 높은 것 아닌가요?"라고 묻는다면 :

"저희는 아직 매출이 없는 여타 AI 스타트업과 다릅니다.

작년 매출 20억 원을 기록하며 이미 시장성을 검증받았습니다.

현재 AI SaaS 업계의 평균 매출 배수(Multiple)가 8~10배임을 고려할 때,

저희가 제시한 150억 원의 밸류는 매우 보수적인 수치입니다.

특히 저희는 영업이익이 발생하는 흑자 구조라는 점에서 하방

경직성(안정성)까지 갖추고 있습니다."

2. 데이터 보강

축적된 데이터와 기술적 해자 (비용 접근법의 변형)

기술력을 강조하고 싶을 때 :

"단순히 인건비를 합산한 수치가 아닙니다. 지난 6년간 17명의 전문가가 공공기관 및 대기업 30여 곳의 프로젝트를 수행하며 쌓은 '현장 가공 데이터'와 '커스텀 알고리즘'의 가치를 봐주십시오. 이를 밑바닥부터 다시 구축하려면 최소 3년의 시간과 30억 이상의 비용이 소요됩니다.
저희는 이 시간을 이미 통과해 '스케일업'만 남겨둔 상태입니다."

3. 미래 가치

SI에서 SaaS로의 전환 (유사 기업 비교법)

성장성을 의심할 때 :

"유사한 모델로 시작해 SaaS 전환에 성공한 'A사'의 경우,

전환 직후 기업 가치가 3배 이상 폭등했습니다.

저희는 이미 17명의 정예 인력과 안정적인 캐시카우(SI)를

보유하고 있어, 이번 투자금으로 CTO와 CMO를 영입해 솔루션화에

집중한다면 A사 이상의 가파른 성장 곡선을 그릴 것이 확실합니다."

◈ 투자자의 예상 질문 & 카운터 펀치

질문 :

"매출은 높지만, SI(용역) 성격이 강해 보이는데 배수를 낮게 줘야 하지 않을까요?"

답변 :

"맞습니다. 그래서 저희는 이번 라운드를 통해
솔루션 기업으로 체질 개선을 하려는 것입니다.
이미 기존 고객사들로부터 솔루션 구독 의사를 확인했으며,
이번 투자금은 그 전환 속도를 높이는 '촉매제'가 될 것입니다.
전환 이후의 밸류는 지금의 몇 배가 될 것이라는 점을 강조하고 싶습니다."

텀시트(Term Sheet) 독소 조항 감별법

투자 유치 협상에서 가장 위험한 순간은 "우리 투자하기로 결정했습니다"라는 말을 들은 직후입니다.

기쁜 마음에 텀시트(Term Sheet)에 적힌 깨알 같은 글씨를 제대로 읽지 않고 도장을 찍으면, 나중에 회사가 잘 되어도 내 회사가 아니게 되거나 경영권을 박탈당할 수 있습니다.

1. 청산 우선권 (Liquidation Preference) :

"투자자만 돈 벌고 나가는 조항"

회사가 매각되거나 청산될 때, 투자자가 원금의 몇 배를 먼저 가져갈지 정하는 조항입니다.

정상 :
1x Non-Participating. 투자자가 투자 원금을 먼저 가져가거나, 지분율대로 배분받는 것 중 하나를 선택하는 방식입니다.

독소 :

2x~3x Participating. 매각 시 투자자가 원금의 2~3배를 먼저 챙기고,
남은 돈을 지분율대로 또 나눠 갖는 방식 입니다.
이 경우 회사가 적당한 가격에 팔리면 창업자에게 돌아갈 돈이 0원이 될 수
있습니다.

2. 동의권 및 거부권 (Veto Rights) :

"사사건건 간섭하는 조항"

주요 경영 사항에 대해 투자자의 사전 동의를 얻어야 한다는 조항입니다.

정상 :

증자, 합병, 자산 매각 등 **주주 가치에 중대한 영향**을 미치는 사안에 한정함.

독소 :

신규 채용, 소액 대출, 일상적인 마케팅 비용 집행까지 동의를 받으라는 경우.
(경영권 침해이자 사내 의사결정 속도를 마비시킵니다.)

3.동반매도청구권 (Drag-along Rights) :

"강제로 회사 팔게 하는 조항"

투자자가 회사를 팔고 싶을 때, 창업자의 지분까지 강제로 묶어서 팔 수 있는
권리입니다.

정상 :

대주주나 이사회의 과반 동의가 있을 때만 발동 가능.

독소 :

투자자가 원하는 시점에 무조건 창업자 지분을 끌고 가서 매각할 수 있는
경우. (창업자가 계속 운영하고 싶어도 회사를 뺏길 수 있습니다.)

4. 리팩싱 (Refixing) 조항 :

"지분이 무한대로 깎이는 조항"

다음 라운드에서 기업 가치가 낮게 책정될 경우(Down-round), 투자자의 지분율을 보전해주기 위해 창업자의 지분을 뺏어오는 조항입니다.

정상 :

가중평균 방식(Weighted Average) 등을 사용하여 완만하게 조정.

독소 :

Full Ratchet 방식. 다음 라운드 가격이 조금만 낮아져도 투자자의 단가를 그 낮은 가격으로 전부 맞춰주는 방식입니다. 창업자 지분이 순식간에 증발할 수 있습니다.

5. 이해관계인 책임 (Founder Liability) :

"내 재산까지 날리는 조항"

회사의 잘못을 창업자 개인이 연대 책임지게 하는 조항입니다.

정상 :

고의적인 횡령, 배임 등 **명백한 불법 행위**에 대해서만 책임.

독소 :

단순한 경영상의 실패나 목표 미달성 시에도 창업자 개인 재산으로 투자금을 상환하라는 조항. (표준 투자계약서에서는 지양되는 추세지만 여전히 독소 조항으로 잠입하는 경우가 많습니다.)

텀시트 검토 시 창업자의 자세

표준 계약서인가요?

중기부나 VC 협회의 표준 가이드라인에서 벗어난 조항이 있다면 반드시 이유를 물어야 합니다.

전문 변호사 자문

몇천만 원의 수수료가 아까워 수십억 가치의 지분을 날리지 마세요. 스타트업 전문 로펌의 자문은 필수입니다.

수정 제안 (Counter-offer)

텀시트는 말 그대로 '협상안'입니다.
독소 조항은 "이 부분은 우리 회사의 빠른 의사결정을 위해 수정이 필요하다"고 당당히 요구하세요.

**" 좋은 투자자는 창업자를 족쇄로 묶지 않고,
더 빨리 뛸 수 있는 운동화를 선물합니다."**

실사(Due Diligence) 대응 : 투명성이 신뢰를 만든다

텀시트(Term Sheet)에 서명했다고 해서 돈이 바로 입금되는 것은 아닙니다.
마지막 관문인 실사(Due Diligence, DD)가 남아 있죠.

실사는 투자자가 "우리가 들은 말이 사실인지, 숨겨진 폭탄은 없는지"를
현미경으로 들여다보는 과정입니다.

1. 실사의 3대 영역 : 무엇을 뒤져보는가?

(1) 재무 실사 (Financial DD)

핵심

매출의 진위 여부와 현금 흐름의 투명성.

준비물

최근 3개년 재무제표, 부가세 신고 내역, 통장 거래 내역, 미수금 현황.

주의점

가공 매출이나 증빙 없는 비용 지출이 발견되면 신뢰도가 급락합니다.

(2) 법무 실사 (Legal DD)

핵심

경영권 분쟁 소지 및 규제 리스크.

준비물

정관, 주주명부, 이사회 및 주주총회 의사록, 스톡옵션 계약서,

지식재산권(특허) 등록증.

주의점

근로계약서 미작성이나 **4대 보험 체납**같은 기본적인 노무 이슈가 발목을

잡는 경우가 많습니다.

(3) 기술 및 비즈니스 실사 (Technical/Biz DD)

핵심

진짜 AI인가?와 "고객이 진짜 만족하는가?"

준비물

핵심 알고리즘 설명서, 주요 고객사 계약서 및 추천서, 서버 아키텍처 구성도.

주의점

기술력이 부풀려졌다고 판단되면 기업 가치가 깎이거나 투자가 철회될 수
있습니다.

2. 투명성이 신뢰를 만드는 '실전 대응법'

(1) 데이터 룸(Data Room) 미리 만들기

투자자가 자료를 요청할 때마다 허겁지겁 준비하면"준비 안 된 회사"라는
인상을 줍니다. Google Drive나 클라우드에 폴더별로 미리 정리해 두고, 요청
즉시 **공유 링크**를 보내세요. (속도가 곧 신뢰입니다.)

(2)"모른다"보다 "확인 후 보완하겠다"

실사 과정에서 예상치 못한 미비점이 발견될 수 있습니다.
이때 당황해서 숨기거나 거짓말을 하면 안 됩니다.

답변 예시 : "해당 부분은 저희가 초기 운영 중 놓친 부분입니다.
실사 기간 내에 전문 노무사의 자문을 받아 보완 조치하고 보고서를
제출하겠습니다."

(3) 레퍼런스 체크(Reference Check) 준비

투자자는 대표님이 제출한 자료 외에 **실제 고객사나 전 직원**에게 전화를 걸어 평판을 확인합니다.

전략: 우리에게 우호적인 핵심 고객사 담당자에게 미리 양해를 구해서, 투자자의 전화에 긍정적으로 답변할 수 있도록 세팅하세요.

3. 실사 통과 후 '도장 찍기' 전 최종 체크

실사가 끝나면 최종 투자 계약서(SPA/SHA)를 작성하게 됩니다.
이때 다음 두 가지만은 꼭 확인하세요.

진술 및 보장 (Representations and Warranties) :
"우리가 제공한 정보는 모두 사실이다"라고 약속하는 항목입니다.
사실이 아닌 게 밝혀지면 배상 책임을 질 수 있으니, 거짓이 없는지 끝까지
확인하세요.

확약 사항 (Covenants) :
투자 이후 지켜야 할 약속들입니다.
(예: 월간 보고서 제출, 대규모 자금 집행 시 동의 등) 우리 팀의 업무 속도를
저해하지 않는 수준인지 검토하세요.

◆ **실사 대응 골든 타임라인**

시기	할 일	목표
D-Day (텀시트 서명)	자료 리스트(Checklist) 수령	데이터 룸 구조 설계
D+3일	재무/법무 기본 서류 업로드 완료	80% 이상의 자료 공개
D+7일	기술/현장 실사 대응	의구심 해소 및 기술력 증명
D+14일	미비점 보완 및 최종 계약 협의	신뢰 기반의 계약 확정

"**실사는 우리 회사를 벌주는 과정이 아니라, 상장 기업으로 가기 위해 건강검진을 받는 과정입니다.**"

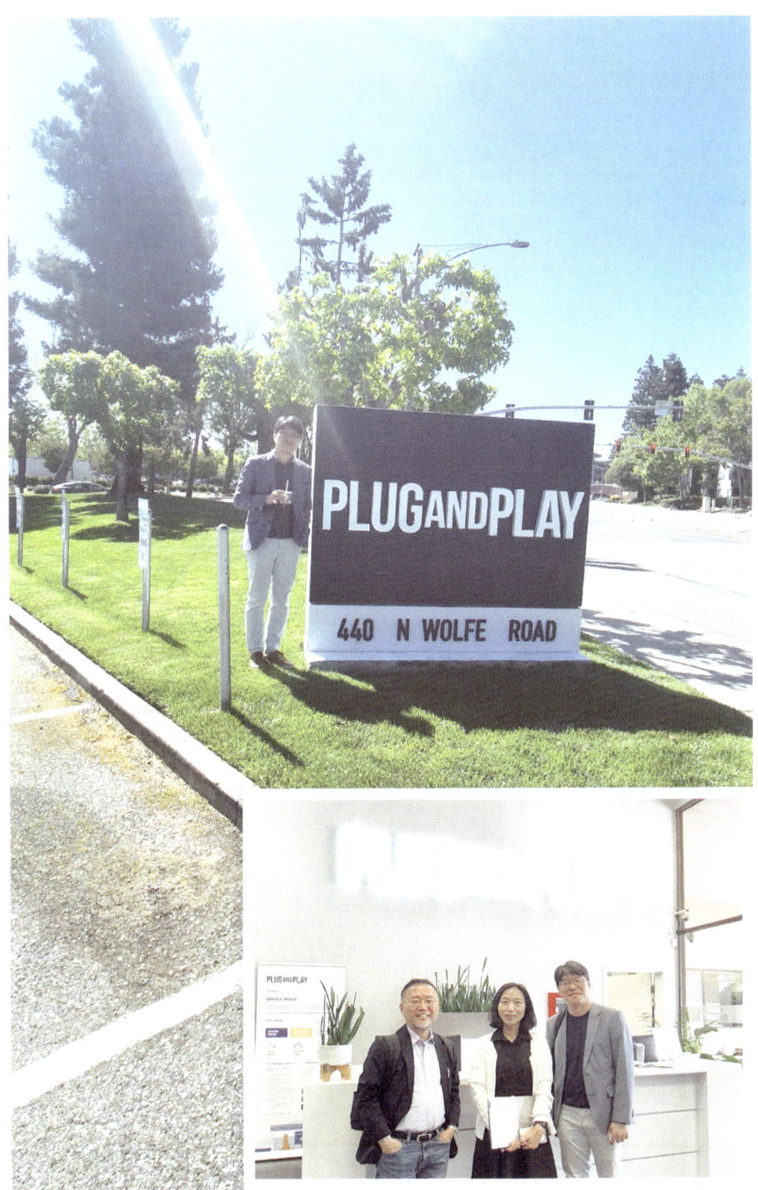

글로벌 엑셀레이터 Plug and Play Tech Center

KIC실리콘밸리

 스타트업 투자 유치 생존을 넘어 도약으로

CES
red by The Consumer Technology Association®

CES

eureka
We Work Hard
To Make Cleaning Ea
Booth #52912

CES
LG
CES
Life's Good.
24/7

CES

글로벌IR 실리콘밸리

글로벌 VC와 미팅

 스타트업 투자 유치 생존을 넘어 도약으로

82스타트업 실리콘밸리

대한민국 액셀러레이터

대한민국 액셀러레이터

우리나라에는 2025년 기준 460여 개가 넘는 액셀러레이터(AC)가 등록되어 활동 중이며, 각기 다른 강점과 투자 성향을 가지고 있습니다.

스타트업을 준비하시거나 투자 유치를 고민 중이시라면, 본인의 사업 분야와 성격에 맞는 곳을 찾는 것이 중요합니다.

국내 주요 액셀러레이터들을 특징별로 정리해 드립니다.

1. 국내 대표 '빅네임' 액셀러레이터

가장 인지도가 높고 선호되는 곳들로, 강력한 네트워크와 후속 투자 연계 능력을 갖추고 있습니다.

프라이머 (Primer) :

국내 최초의 AC로 '창업가들의 친정'이라 불립니다.

권도균 대표를 필두로 한 선배 창업가들의 꼼꼼한 멘토링이 강점입니다.

(주요 포트폴리오: 마이리얼트립, 아이디어스 등)

매쉬업벤처스 (Mashup Ventures) :

이택경 대표(다음 공동창업자)가 설립했으며, ICT 분야 스타트업들이 가장 선호하는 곳 중 하나입니다. (주요 포트폴리오: 오늘의집, 리멤버 등)

블루포인트파트너스 :

딥테크(기술 기반) 전문 AC로, 연구원이나 엔지니어 출신 창업가들을 발굴해 사업화하는 데 탁월합니다.

퓨처플레이 :

딥테크와 미래 신산업에 집중하며, 단순 투자를 넘어 컴퍼니 빌딩(사업 공동 설계) 역량이 뛰어납니다.

2. 투자 규모 및 실행력 TOP

실제로 투자를 가장 활발하게 집행하는 곳들입니다.

기관명	특징
씨엔티테크	연간 최다 투자 건수를 기록하는 곳으로, '박다다익선' 전략을 통해 초기 시드 투자를 광범위하게 진행합니다.
스마일게이트인베스트먼트	최근 몇 년간 누적 투자 금액 면에서 압도적인 상위권을 차지하고 있는 AC 겸 VC입니다.
슈미트	모빌리티, 로봇, 제조 등 하드웨어와 딥테크 분야에서 대규모 투자를 집행합니다.

3. 글로벌 및 공공/임팩트 성격

글로벌 지향 :

스파크랩 (SparkLabs)은 해외 진출을 꿈꾸는 팀에게 최적화되어 있으며, 국내 최대 규모의 데모데이를 개최합니다.

공공/비영리

디캠프 (D.CAMP)는 은행권청년창업재단에서 운영하며,
공간 지원과 네트워킹 면에서 독보적입니다.

사회적 가치

소풍벤처스, 엠와이소셜컴퍼니 (MYSC)등은 사회 문제를 해결하는
임팩트 스타트업 투자의 강자입니다.

팁 : TIPS(팁스) 프로그램을 확인하세요

우리나라 초기 스타트업에게 가장 중요한 제도 중 하나가
TIPS(민간투자주도형 기술창업지원)입니다.
위에 언급된 주요 AC들은 대부분 'TIPS 운영사'입니다.

이들에게 먼저 **1~2억 원 내외의 투자**를 받으면,
정부로부터 **최대 5~7억 원의 R&D 자금**을 추가로 지원받을 수 있어
초기 생존에 매우 유리합니다.

우리나라에서 법적으로
‘액셀러레이터’라는 명칭을 사용하며
공식 활동을 하려면 중소벤처기업부에 **‘창업기획자’**로
등록되어야 합니다.

1. 등록 현황 및 규모

등록 수

2024년 중반 460개를 돌파한 이후 지속적으로 증가하여, 현재는 **약 500여 개**
내외의 등록 창업기획자가 활동 중인 것으로 파악됩니다.

법적 근거

「벤처투자 촉진에 관한 법률(벤처투자법)」 제24조에 의거하여 요건(자본금,
전문인력, 시설 등)을 갖추고 정부에 등록된 기관을 말합니다.

2. 등록 명단 확인 방법 (가장 정확한 방법)

등록 액셀러레이터 명단은 수시로 신규 등록 및 말소가 일어나기 때문에, 최신 리스트는 아래 공식 포털에서 실시간으로 확인하는 것이 가장 정확합니다.

K-Startup(창업지원포털) : www.k-startup.go.kr
'메뉴' ▶ '정보전달' ▶ '창업공시' ▶ '창업기획자(액셀러레이터) 공시' 탭에서 전체 명단과 각 회사의 투자 실적, 인력 현황을 볼 수 있습니다.

중소벤처기업부 홈페이지 :
'보도자료' 혹은 '정책정보'에서 "창업기획자 등록 현황"을 검색하면 엑셀 파일 형태로 내려받을 수 있는 최신 명단이 게시됩니다.

VICS(벤처투자종합정보시스템) :
투자 전문 통계 사이트로, 등록된 AC들의 투자 규모와 포트폴리오 정보를 상세히 제공합니다.

3. 주요 등록 액셀러레이터 예시

등록된 곳 중에서도 특히 TIPS(팁스) 운영사로 지정된 곳들이 공신력이
높습니다.

독립형 :

프라이머, 블루포인트파트너스, 매쉬업벤처스, 퓨처플레이, 소풍벤처스 등

대기업 지주/연계형 :

롯데벤처스, 삼성전자(C-Lab), 스마일게이트인베스트먼트 등

공공/재단형 :

디캠프(은행권청년창업재단), 기술보증기금 등

⚠ 주의사항: '미등록' 액셀러레이터

중기부에 등록하지 않고 '액셀러레이터'라는 이름을 쓰는 곳들도 일부
있습니다. 등록된 AC는 정부의 TIPS 프로그램 추천권을 가질 수 있고 세제
혜택 등 법적 보호를 받지만, 미등록 기관은 이러한 정부 연계 지원이
불가능하므로 투자 유치 시 반드시 '창업기획자 등록증'이 있는 곳인지
확인하는 것이 안전합니다.

대한민국 벤처캐피탈

우리나라 등록 벤처캐피탈(VC)

우리나라의 **등록 벤처캐피탈(VC)**은 크게 소관 부처와 근거 법령에 따라 두 가지 유형으로 나뉩니다. 현재 국내 스타트업 생태계를 지탱하는 핵심 플레이어들을 정리해 드릴게요.

1. 주요 유형 및 현황

국내에서 VC 활동을 하려면 특정 법에 따라 정부에 등록해야 합니다.

구분	중소기업창업투자회사 (창투사)	기술사업금융업자 (신기술금융사)
소관 부처	중소벤처기업부	금융위원회 (금융감독원)
근거 법령	벤처투자촉진법	여신전문금융업법
특징	주로 초기~중기 스타트업 투자	대기업 계열사(CVC), 증권사, 카드사 위주
대표 사례	에이티넘인베스트먼트, 한국투자파트너스	미래에셋캐피탈, KB인베스트먼트

참고 : 최근 '벤처투자촉진법' 개정으로 인해 창투사의 정식 명칭은 '**벤처투자회사**'로 변경되었습니다.

2. 대표적인 국내 등록 VC (2025-2026 트렌드)

운용자산(AUM) 규모나 투자 활성도가 높은 주요 기업들입니다.

전통의 강자 :

한국투자파트너스, 에이티넘인베스트먼트, LB인베스트먼트, DSC
인베스트먼트

대기업 CVC (기업주도형) :

카카오벤처스, GS벤처스, CJ인베스트먼트, 삼성벤처투자

초기 전문 (액셀러레이터 겸영) :

본엔젤스벤처파트너스, 매쉬업벤처스, 소풍벤처스

3. 실시간 명단 확인 방법

VC 등록 현황은 수시로 변동되기 때문에, 가장 정확한 최신 명단은 아래 공식
시스템에서 확인할 수 있습니다.

중소벤처기업부 VICS (벤처투자종합정보시스템) :
국내 모든 벤처투자회사(창투사)의 등록 현황, 자산 규모, 투자 실적을
공시합니다.

한국벤처캐피탈협회 (KVCA) :
회원사 명단과 분기별 시장 동향 보고서를 제공합니다.

금융통계정보시스템 :
신기술금융사(신기사)들의 현황을 파악할 때 유용합니다.

💡 이런 점을 주의하세요!

최근에는 법적으로 등록되지 않은 채 '투자 컨설팅'이라는 명목으로 활동하는
비인가 업체들도 있으니, 실제 투자를 유치하거나 협업할 때는 반드시
중기부나 금감원 등록 여부를 먼저 조회해보는 것이 안전합니다.

우리나라 투자기관은

우리나라의 **투자기관**은 투자 대상(스타트업, 중견기업, 상장사 등)과 재원, 그리고 관련 법령에 따라 크게 **공공, 민간 벤처투자, 기관 투자**로 구분됩니다. 현재 국내 투자 생태계의 주요 플레이어들을 유형별로 정리해 드립니다.

1. 공공 투자기관 (정책 금융)

정부의 예산을 바탕으로 국가 전략 산업을 육성하거나 시장의 빈곳을 채우는 역할을 합니다.

한국벤처투자 (KVIC) :
'**모태펀드**'를 운용하는 기관으로, 직접 투자보다는 민간 VC들에게 자금을 출자하여 펀드 조성을 돕는 '마중물' 역할을 합니다.

산업은행 (KDB) :
국내 최대 정책금융기관으로, 대규모 인프라 투자부터 **넥스트원(NextOne)** 프로그램을 통한 스타트업 직접 투자까지 담당합니다.

신용보증기금 (KODIT) / 기술보증기금 (KIBO) :

보증 업무 외에도 '**보증연계투자**'를 통해 초기 기술 기업에 직접 지분 투자를
집행합니다.

중소벤처기업진흥공단 :

성장공유형 대출 등 융자와 투자가 결합된 방식으로 유망 중소기업을
지원합니다.

2. 민간 벤처투자 기관 (스타트업 중심)

주로 혁신적인 스타트업의 성장을 돕고 수익을 창출합니다.

액셀러레이터 (AC, 창업기획자) :

극초기 스타트업에 소액 투자와 멘토링을 제공합니다.

(예: 본엔젤스, 매쉬업벤처스, 블루포인트파트너스 등)

벤처캐피탈 (VC, 벤처투자회사) :

본격적인 성장 단계(Series A 이상)의 기업에 투자합니다.

(예: 한국투자파트너스, LB인베스트먼트, DSC인베스트먼트 등)

신기술사업금융사 (신기사) :

증권사나 카드사 계열 VC가 많으며, 자본금 규모가 크고 투자 범위가 비교적 넓습니다. (예: 미래에셋캐피탈, KB인베스트먼트 등)

3. 사모펀드 및 자산운용사 (중견/대기업 중심)

기업의 경영권을 인수(Buy-out)하거나 대규모 자본을 투입하여 기업 가치를 높입니다.

사모펀드 (PEF) :

MBK파트너스, 한앤컴퍼니, 스틱인베스트먼트, IMM PE 등이 대표적입니다. 주로 구조조정이나 M&A 시장에서 활동합니다.

자산운용사 :

일반 투자자의 자금을 모아 주식, 채권, 부동산 등에 투자합니다.
(예: 미래에셋자산운용, 삼성자산운용 등)

4. 기업주도형 벤처캐피탈 (CVC)

대기업이 전략적 시너지를 위해 직접 운영하는 투자사입니다.

2020년대 들어 지주회사의 CVC 보유가 허용되면서 매우 활발해졌습니다.

주요 사례 :

카카오벤처스, GS벤처스, CJ인베스트먼트, 롯데벤처스, 포스코기술투자 등

 **요약 및 팁**

초기 창업자라면?

AC나 **신보/기보**의 문을 먼저 두드리는 것이 유리합니다.

본격적인 스케일업중이라면?

VC나 **산업은행**의 투자 라운드를 확인하세요.

전략적 협업이 필요하다면?

해당 산업군을 리드하는 **대기업의 CVC**를 공략하는 것이 좋습니다.

투자성공사례

우리나라 투자 생태계에서 최근(2025~2026년)
가장 주목받는 **투자 성공 사례**와 회수(**Exit**) **사례**들을 정리해 드립니다.
특히 AI 반도체와 K-뷰티 분야의 약진이 두드러집니다.

1. 최근 유니콘 등극 및 대규모 투자 유치 사례 (2025-2026)

최근 국내외 VC들로부터 기업가치 1조 원 이상 **유니콘 기업**을 인정받으며
'잭팟'을 터뜨린 사례들입니다.

리벨리온 (Rebellion) & 퓨리오사AI (FuriosaAI)

- **분야** : AI 반도체 (NPU)
- **성과** : 2025년 기준 유니콘 기업으로 공식 확인되었습니다.
      특히 리벨리온은 시리즈 C에서 약 **3,400억 원**의 대규모 자금을
      유치하며 국내 팹리스 스타트업 중 독보적인 성과를 냈습니다.
- **투자사** : 산업은행, KB인베스트먼트, 미래에셋벤처투자 등 다수 VC.

비나우 (B-NOW)

- **분야** : K-뷰티 (화장품 제조 및 판매)
- **성과** : 스킨케어 브랜드 '넘버즈인'의 성공에 힘입어 2025년 하반기
  프리 IPO 단계에서 **기업가치 1조 원**을 인정받았습니다.
  소비재 분야에서 드문 **유니콘** 사례입니다.

갤럭시코퍼레이션

- **분야** : AI 엔터테인먼트 / 메타버스
- **성과** : 연예인 IP와 AI 기술을 결합한 비즈니스 모델로
  2025년 신규 유니콘 반열에 올랐습니다.

2. VC 및 CVC의 전설적인 투자 회수(Exit) 사례

투자금 대비 수십, 수백 배의 수익을 낸 상징적인 사례들입니다.

기업명: 몰로코 (Moloco)

투자사 (핵심 플레이어) : GS리테일 (CVC)

성공 포인트 :

2019년 약 72억 원을 투자. 이후 몰로코가 글로벌 AI 광고 플랫폼으로 급성장하며 CVC 투자의 가장 성공적인 선순환 사례로 꼽힘.

기업명: 마켓컬리

투자사 (핵심 플레이어) : 에이티넘, DSC인베스트먼트 등

성공 포인트 :

초기 투자사들이 수십 배의 장부상 이익을 거두었으며, 배우 이제훈 등 엔젤 투자자들도 수백 배의 수익률(추정)을 기록하며 화제가 됨.

기업명: 루닛 (Lunit)

투자사 (핵심 플레이어) : 카카오벤처스 등

성공 포인트 :

딥테크/바이오 분야에서 상장(IPO)을 통해 VC들에게

큰 수익을 안겨준 대표적인 'K-딥테크' 성공작.

기업명: 우아한형제들

투자사 (핵심 플레이어) : 본엔젤스, 알토스벤처스 등

성공 포인트 :

독일 딜리버리히어로(DH)에 약 5조 원 가치로 인수되며 국내 VC 역사상

가장 큰 규모의 엑시트 기록을 세움.

3. 주목할 만한 투자 트렌드 (2026년 전망)

민간 주도 성장

과거에는 정부(모태펀드) 주도였으나, 2025년부터 민간 자금 비중이 전체
펀드 결성액의 80%를 넘어서며 시장이 자생력을 갖추기 시작했습니다.

AI 및 딥테크 집중

2025년 전체 벤처 투자의 50% 이상이 ICT 서비스, 바이오, 전기/기계(로봇 등)
분야에 집중되었습니다. 특히 **AI 반도체분야**는 단일 라운드에서 천억 단위의
투자가 활발히 일어납니다.

K-뷰티의 재발견

과거 IT에 밀렸던 뷰티/커머스 분야가 글로벌 점유율 확대를 바탕으로 다시금
고수익 투자처로 부상하고 있습니다.

이러한 성공 사례들의 공통점은 '글로벌 시장 진출 가능성'과
'독보적인 기술 진입장벽'입니다.
단순히 국내 시장에 머물지 않고 북미나 동남아 등
해외로 뻗어 나간 기업들이 주로 큰 엑시트에 성공하고 있습니다.

투자 실패 사례

성공 사례가 화려한 빛이라면, **실패 사례**는 투자 생태계의 그림자이자 뼈아픈
교훈입니다. 2024년에서 2026년 사이, 특히 '투자 혹한기'를 지나며 자금난을
견디지 못하거나 비즈니스 모델의 한계로 무너진 주요 사례들을 정리해
드립니다.

1. 최근 주요 스타트업 실패 및 위기 사례

한때 수백억 원의 투자를 유치하며 유망주로 꼽혔으나, 경영난이나 시장
변화로 인해 폐업 또는 회생 절차에 들어간 경우입니다.

엔코드 (명품 플랫폼) :
  - **상황 :** 누적 투자금 약 **235억 원**을 유치하며 성장했으나,
       2025년 상반기 폐업을 결정했습니다.
  - **실패 원인 :** 머스트잇, 발란 등 대형 플랫폼과의 출혈 경쟁 속에서
       차별화에 실패했고, 투자 시장 경색으로 추가 자금
       수혈(브릿지 투자)이 끊긴 것이 결정적이었습니다.
  - **투자사 :** 산업은행, KB인베스트먼트, 미래에셋벤처투자 등 다수 VC.

뮬라 (애슬레저 브랜드) :

- **상황** : 2020년 안다르, 젝시믹스와 함께 '3대 요가복'으로 불리며 120억 원이상의 투자를 받았으나, 2025년 초 기업회생을 신청했습니다.
- **실패 원인** : 과도한 마케팅 비용 지출 대비 매출 성장이 정체되었고, 재고 관리 및 재무 건전성 악화를 극복하지 못했습니다.
- **투자사** : 산업은행, KB인베스트먼트, 미래에셋벤처투자 등 다수 VC.

기타 기술 스타트업 :

정부의 유망 기술 인증인 **TIPS(팁스)** 선정 기업들 중에서도 2025년에만 수십 곳이 폐업했습니다. (예: 루이다글러벌, 디코드 등) 이는 단순 기술력만으로는 자립적인 수익 모델(BM)을 만들기 어렵다는 것을 보여줍니다.

2. 벤처캐피탈(VC) 자체의 위기 사례

스타트업뿐만 아니라 이들에 투자하는 VC들도 경영난으로 면허를 반납하거나
시장에서 퇴출당하고 있습니다.

투썬인베스트먼트:

2009년 설립되어 한때 운용자산(AUM) 1,000억 원대를
기록했으나, 2025년 VC 라이선스를 반납했습니다. 자본잠식 상태를
회복하지 못한 것이 원인입니다.

라이선스 말소 증가:

2024~2025년 사이 가우스벤처스, 이랜드벤처스, 루트벤처스등
다수의 VC가 등록 말소되었습니다.
코로나19 시기 유동성 파티에 우후죽순 생겨난 '신생 VC'들이 투자 회수
실패와 펀드 결성 난항으로 문을 닫는 사례가 급증했습니다.

3. 실패의 주요 원인 분석 (2026년 기준)

현재 시장에서 공통적으로 지적되는 실패 요인들입니다.

실패 유형 : 자금 양극화

주요 특징 및 원인 :

대형 VC들이 검증된 후기 기업에만 돈을 몰아주면서, 초기 스타트업들이
다음 라운드로 넘어가지 못하고 고사(Death Valley)함.

실패 유형 : 수익성 검증 실패

주요 특징 및 원인 :

'성장성'만 믿고 적자 운영을 지속하던 플랫폼들이 '이익(Burn-rate 관리)'
을 중시하는 시장의 변화된 기준을 맞추지 못함.

실패 유형 : 글로벌 확장성 부족

주요 특징 및 원인 :

인구 감소와 시장 포화 상태인 한국 내수 시장에만 집중하다가 성장의 한계에 부딪힘.

실패 유형 : 운영미숙(Management Failure)

주요 특징 및 원인 :

최근 쿠팡(데이터 유출) 이나 빗썸(시스템 오류)사례처럼 기술적 성장에 비해 내부 통제나 보안 관리 역량이 따라가지 못해 발생하는 리스크.

💡 투자자들이 얻은 교훈

이제 투자자들은 단순한 '사용자 수'나 '거래액'보다는 "실제로 돈을 벌고 있는가?(Cash Flow)"와 "해외에서도 통하는가?"를 최우선으로 봅니다.

실패 사례들은 결국 '투자는 마법이 아닌 비즈니스의 수단'임을 상기시켜 줍니다.

스타트업
정부지원 사업으로 시작

스타트업 정부지원 사업으로 시작

우리나라 스타트업 지원 체계는 세계적으로도 매우 촘촘한 편입니다.

2026년 현재, 정부는 **약 3.7조 원** 규모의 예산을 투입해 창업 단계별로 맞춤형 지원을 제공하고 있습니다.

가장 대표적인 사업들을 **성장 단계별**로 나누어 정리해 드릴게요.

1. 창업 단계별 3대 패키지 (중소벤처기업부)

가장 인지도가 높고 규모가 큰 사업들입니다. 매년 1~2월에 공고가 집중됩니다.

구분	대상	지원 내용	특징
예비창업 패키지	사업자등록 전	최대 1억 원 (평균 5천만 원)	아이디어 사업화, 시제품 제작 지원
초기창업 패키지	창업 3년 이내	최대 1억 원	시장 안착 및 제품 고도화 자금
창업도약 패키지	창업 3~7년 이내	최대 3억 원	스케일업, 대기업 협업, 글로벌 진출

2. 창업중심대학

창업중심대학은 중소벤처기업부와 창업진흥원이 주관하는 사업으로,
대학을 지역 창업 생태계의 핵심 거점(Hub)으로 육성하기 위해 마련된
제도입니다.

단순히 학생들의 창업을 돕는 수준을 넘어, 대학의 인프라와 전문성을 활용해
지역 내 일반 창업자까지 포괄적으로 지원하는 것이 특징입니다.

• 주요 목표 및 특징

지역 창업 허브 :
대학 내 창업 교육에 그치지 않고, 지역의 유망 스타트업을 발굴하고 성장
(Scale-up)시키는 역할을 수행합니다.

성장 단계별 지원 :
예비 창업자부터 초기, 도약 단계의 기업까지 맞춤형 프로그램을 제공합니다.

대학 자산 활용 :

대학이 보유한 특허, 기술, 실험실 장비 및 우수 인력을 창업 현장에 투입합니다.

• 주요 지원 내용

창업중심대학으로 선정된 대학은 정부로부터 예산을 지원받아 창업자들에게 다음과 같은 혜택을 제공합니다.

구분	주요 지원 내용
사업화 자금	시제품 제작, 마케팅, 인건비 등 (단계별 차등 지원)
특화 프로그램	글로벌 진출 지원, 투자 유치(IR) 기회 제공, 멘토링
인프라 활용	대학 내 공유 오피스, 연구 장비 및 실험실 사용 지원
네트워킹	선배 창업자, 투자자(VC, AC)와의 연결 및 협업

• 지원 대상 및 단계

보통 세 가지 트랙으로 나누어 모집하며, 각 단계에 맞는 자금과 교육을 지원합니다.

예비창업자 :

사업자 등록을 하지 않은 상태에서 아이디어를 구체화하려는 단계.

초기창업자 :

창업 후 3년 미만 기업으로 시장 안착이 필요한 단계.

도약기창업자 :

창업 후 3년 이상 7년 미만 기업으로 매출 확대나 글로벌 진출이 필요한 단계.

• 참고사항

지정 대학 :

권역별(수도권, 충청권, 호남권, 강원권, 영남권 등)로 거점 대학들이 지정되어

있습니다. 본인이 속한 지역의 창업중심대학이 어디인지 확인하는 것이

중요합니다.

신청 방법 :

매년 초 **K-Startup 창업지원포털**을 통해 공고가 올라오며, 해당 포털에서

온라인으로 신청합니다.

Tip :

창업중심대학은 일반적인 창업지원사업보다 **대학의 기술력과 연계된 사업**을

선호하는 경향이 있습니다. 기술 기반 창업을 고민 중이시라면 특히 유리할 수

있습니다.

3. 기술 중심 및 딥테크 지원 (TIPS)

기술력이 뛰어난 팀이라면 반드시 도전해야 하는 '스타트업의 관문'입니다.

TIPS (민관공동창업자 발굴육성) :

민간 투자사(운용사)가 먼저 스타트업에 투자(1~2억)하면, 정부가 R&D 자금 등을 매칭하여 **최대 5억~7억 원**을 지원합니다.

Deep-tech TIPS :

10대 신산업 분야 기업을 대상으로 하며, 일반 TIPS보다 지원 규모가 훨씬 큽니다 (최대 15억 원 이상의 R&D 자금).

4. 청년 및 특화 분야 지원

청년창업사관학교 :

만 39세 이하 청년 창업가를 위한 '기숙형' 지원 프로그램입니다.

자금 지원뿐만 아니라 교육과 공간을 패키지로 제공합니다.

글로벌 창업사관학교 :

해외 진출을 목표로 하는 스타트업을 대상으로 글로벌 엑셀러레이터(AC)의

보육을 연결해 줍니다.

에코스타트업 (환경부) :

녹색 산업 및 기후 테크 분야 기업을 선정해 특화 지원합니다.

5. 2026년 주목할 신규 트렌드

올해 정부 지원사업의 핵심 키워드는 '글로벌'과 'AI'입니다.

글로벌 창업 허브 (신규) :

약 175억 원 규모의 예산으로 딥테크 스타트업의 해외 거점 확보를 직접
돕습니다.

AX Sprint (AI 전환 지원) :

제조나 서비스업에 AI를 도입하는 기업을 위한 전용 정책자금 트랙이
신설되었습니다.

제품화 ALL-In-One 팩 :

하드웨어 스타트업을 위해 설계부터 초도 양산까지 통합 지원하는 사업이
새롭게 시작되었습니다.

 지원사업 신청 꿀팁

K-Startup(k-startup.go.kr) 즐겨찾기 :

모든 사업 공고가 이곳에 올라옵니다.

'통합 공고문'을 먼저 다운로드해서 한 해 일정을 짜는 것이 좋습니다.

기업마당 (bizinfo.go.kr):

중앙부처뿐만 아니라 지자체(서울시, 경기도 등)의 깨알 같은 지원금 정보를
모아볼 수 있습니다.

서류 준비는 미리 :

대부분의 사업이 1~2월에 몰리므로, 작년도 공고문을 참고해
사업계획서 초안을 12월부터 써두는 것이 합격률을 높이는 길입니다.

창업기획자(액셀러레이터) 등록현황

창업진흥원 www.kised.or.kr

번호	법인명 / 전문분야	대표자명	본사소재지	등록번호
1	아이빌트 ICT, 바이오	송치관	세종	2017-01
2	와이앤아처 문화예술, 콘텐츠, 스포츠, 관광, 글로벌, 바이오, 소프트웨어융합 등	신진오, 이호재	서울	2017-02
3	포항공과대학교기술지주 바이오, IT, 신소재, 헬스케어 등	고병철	경북	2017-03
4	비스마트 바이오, 성형가공, 스마트IT, 화학	오형석	충북	2017-05
5	엔슬파트너스 정보통신(플랫폼, IOT등), 전기전자(제조, SW), 바이오 및 헬스케어 등	구원회	서울	2017-06
6	킹슬리벤처스 ICT, 바이오, 기술창업 전분야	이정훈	서울	2017-07
7	인프라비즈(주) 기업경영, 기술지도 모델 및 기법 수단의 연구개발, 사업성평가 및 창업절차 대행, 창업자문 및 투자 등	이정익	광주	2017-08
8	글로벌청년창업가재단 ICT융합, 초기창업기업투자	박항준	서울	2017-09
9	빅뱅엔젤스 AI, 헬스케어, 메디칼, AgTech, 플랫폼	황병선	서울	2017-10
10	더인벤션랩 패션/뷰티 커머스, 푸드테크, B2B SaaS, Edutech, O2O/On-Demand 서비스, 디지털헬스케어	김진영	서울	2017-11
11	애플애드벤처 IT, SW, 지식서비스	장기진	대구	2017-12
12	주식회사 레이징 IT, Healthcare IT, 신재생에너지,식품, 농업, 스마트기기	김광수	서울	2017-13

출처 : 창업진흥원 / www.kised.or.kr

번호	법인명 / 전문분야	대표자명	본사소재지	등록번호
13	선보엔젤파트너스 이차전지, 위성통신, 신재생에너지	최영찬, 오종훈	부산	2017-14
14	스마트파머 IoT, SW, 물류, 유통·서비스	이주홍	부산	2017-16
15	로우파트너스 바이오, ICT	황태형	대전	2017-17
16	아이파트너즈 기술사업화	김태규	부산	2017-18
17	스프링캠프 전분야	최인규	서울	2017-19
18	(주)SAG Korea ICT, 헬스케어, 플랫폼, 기술기반 제조	백운주	대구	2017-22
19	충북창조경제혁신센터 Beauty, ICT, BIO	이종택	충북	2017-23
20	(주)벤처스퀘어 ICT, 바이오, 미디어컨텐츠 등	명승은	서울	2017-24
21	뉴패러다임인베스트먼트 AI, 빅데이터, 모바일, O2O, 컨텐츠, 헬스케어, 소비재 등	배상승, 박제현	서울	2017-26
22	올콘텐츠 콘텐츠분야	윤훈주	경기	2017-27
23	코맥스벤처러스 AI, IoT, Smarthome	변우석	경기	2017-28
24	엘스톤 제조, ICT, 엔젤투자	김창석	서울	2017-29

번호	법인명 / 전문분야	대표자명	본사소재지	등록번호
25	오퍼스이앤씨 초기스타트업 사업아이템 선정을 위한 창업교육 및 투자유치 멘토링	이승현	서울	2017-30
26	벤처박스 ICT, SW	이선호	경기	2017-33
27	상상이비즈 농식품, ICT 등	박순봉	서울	2017-34
28	고려대학교기술지주 바이오, ICT	우상현	서울	2017-37
29	매쉬업벤처스 인터넷, S/W, 모바일, 커머스, ICT, IoT서비스분야	이택경	서울	2017-38
30	벤처포트 소비재 및 콘텐츠 분야	박완성	서울	2017-40
31	블루포인트파트너스 ICT, 로봇 ,바이오, 헬스케어 등	이용관	대전	2017-41
32	재단법인 서울테크노파크 ICT, 바이오 등 4차산업	윤종욱	서울	2017-42
33	에이블벤처스 해양환경, BIO헬스케어, 핀테크, 문화컨텐츠 분야의 IoT, AI융합기술	성상기	부산	2017-44
34	전북지역대학연합기술지주 전분야	지건열	전북	2017-45
35	제이엔피글로벌 기술창업분야	박지환	대전	2017-49
36	전주정보문화산업진흥원 기술창업 전부문	우범기	전북	2017-51

스타트업 투자 유치 생존을 넘어 도약으로

출처 창업진흥원 / www.kised.or.kr

번호	법인명 / 전문분야	대표자명	본사소재지	등록번호
37	특허법인지원 기술창업 전 부문	심성렬	서울	2017-56
38	페이스메이커스 기술창업 및 콘텐츠	김경락	서울	2018-01
39	제피러스랩 4차 산업 및 전분야	서영우	부산	2018-02
40	호서대학교산학협력단 반도체디스플레이	서원교	충남	2018-03
41	후앤후 ICT, 제조업	선웅규	서울	2018-04
42	지구파트너스 기술창업분야	정기준	서울	2018-05
43	한양대학교기술지주회사 AI, 바이오	김경원	서울	2018-06
44	메디톡스벤처투자 바이오/헬스케어	신효진	서울	2018-09
45	요즈마그룹코리아 IoT분야, 바이오/헬스케어	이원재	서울	2018-11
46	카이트창업가재단 ICT, 의료/바이오, 소부장	김철환	대전	2018-12
47	프라이머시즌5 이커머스, 솔루션, 컨텐츠	권도균	서울	2018-14
48	벤처필드 ICT, 바이오 등	이은혜	서울	2018-15

출처 창업진흥원 / www.kised.or.kr

번호	법인명 / 전문분야	대표자명	본사소재지	등록번호
49	서울대학교기술지주 전분야	목승환	서울	2018-16
50	인천창조경제혁신센터 기술기반 전 분야	이한섭	인천	2018-18
51	한국바이오투자파트너스 바이오, 의료기기, 건강기능식품, 헬스케어분야	이기칠	경기	2018-20
52	아이스타트업랩 기술사업화, 투자 컨설팅	이상철	인천	2018-21
53	한국과학기술지주 첨단제조, 부품소재, 바이오, ICT	최치호	대전	2018-22
54	주식회사 오너스코리아 ICT, 전기전자	이동원	서울	2018-25
55	씨엔티테크 IT플랫폼	전화성	서울	2018-27
56	대구창조경제혁신센터 전분야	한인국	대구	2018-28
57	경기창조경제혁신센터 ICT, AI 등	김원경	경기	2018-29
58	시리즈벤처스 스타트업 투자 전반	박준상, 곽성욱	경남	2018-30
59	스타트업파트너스 기술기반전분야, 바이오, 농식품	이문기	경남	2018-31
60	씨앤티아이(주) 기술기반 전분야	정종용	충남	2018-32

출처 창업진흥원 / www.kised.or.kr

번호	법인명/전문분야	대표자명	본사소재지	등록번호
61	투잇인베스트먼트 ICT, 헬스케어, 빅데이터	이형민	광주	2018-34
62	미래과학기술지주 주식회사 소재부품, ICT, 바이오 헬스케어	김판건	대전	2018-35
63	에스와이피 기술기반 전분야	홍성욱, 심경식	서울	2018-37
64	슈미트 기술기반 전분야	김현준	서울	2018-38
65	대전창조경제혁신센터 5G모빌리티, ICT, 에너지, 반도체	박대희	대전	2018-39
66	강원창조경제혁신센터 전분야	이해정	강원	2018-40
67	영산대학교산학협력단 기술기반 전분야	최현광	경남	2018-41
68	패러다임파트너스 바이오, 블록체인, ict	송재환	경기	2018-42
69	(주)티투비파트너스 ICT, 축산바이오	이용석	경기	2018-44
70	창업지원네트워크 기술기반 전분야	최대양	광주	2018-45
71	씨비에이벤처스 ICT, 바이오	우광제	서울	2018-46
72	주식회사 온비즈아이 ICT, 의료기기, 문화콘텐츠, 바이오 등	윤강열	서울	2018-51

번호	법인명 / 전문분야	대표자명	본사소재지	등록번호
73	크립톤 ICT, AI, 농식품, 바이오 등 전분야	양경준	서울	2018-52
74	다래전략사업화센터 기술기반 전분야(제조기업제외)	배순구	서울	2018-54
75	액트너랩 바이오, 헬스케어, 서비스융합, ICT	조훈제	서울	2018-55
76	에스아이디파트너스 주식회사 ICT, 바이오 등 전분야	변정욱	인천	2018-56
77	킥스타트아시아 주식회사 청년, 소비재, 글로벌	박현규	경기	2018-58
78	제타플랜인베스트 기술기반 전분야(제조기업제외)	김미나	서울	2018-60
79	메라클 기술기반 전분야(제조기업제외)	이동규	부산	2018-61
80	오픈워터엔젤스 ICT, 컨텐츠 등	김성근	서울	2018-62
81	경남창조경제혁신센터 기술기반 전분야	이동형	경남	2018-66
82	울산창조경제혁신센터 기술기반 전분야	김헌성	울산	2018-67
83	컴퍼니에이 문화콘텐츠, 지식서비스, 소셜벤처	조병현	대전	2018-68
84	주식회사 내비온 기술기반 전분야(제조기업제외)	조성한	서울	2018-69

출처: 창업진흥원 / www.kised.or.kr

번호	법인명 / 전문분야	대표자명	본사소재지	등록번호
85	한국엔젤투자협회 ICT, 바이오 등	조민식	서울	2018-70
86	경북창조경제혁신센터 하드웨어(제조/기술)	이문락	경북	2018-71
87	밸류업그라운드 기술기반 전분야(제조기업제외)	이보근	대전	2018-72
88	인포뱅크 기술기반 전분야	박태형	경기	2018-73
89	엔피프틴파트너스 하드웨어, 제조, 바이오 및 기술 전분야	허제, 손지형	인천	2018-74
90	(주)기술과가치 정책연구	임윤철	서울	2018-75
91	에스티지벤처스 기술기반 전분야(제조기업제외)	이명수	서울	2018-76
92	인트로매그나 바이오, 헬스케어, 화학, ICT	정석원	서울	2018-77
93	엠와이소셜컴퍼니 소셜벤처, 환경&에너지, 공유경제&플랫폼	김정태	서울	2018-78
94	와이제이씨 정보통신, ICT	함연주	경기	2018-79
95	주식회사 리온아이피엘 기업컨설팅, 기술가치평가	이건철	서울	2018-80
96	와이플래닛(유) 4차 산업혁명 핵심기술 분야	양수희	대전	2018-81

출처 창업진흥원 / www.kised.or.kr

번호	법인명 / 전문분야	대표자명	본사소재지	등록번호
97	디지털헬스케어파트너스 디지털 헬스케어	최윤섭	서울	2019-01
98	김기사랩 모든 분야	신명진	서울	2019-02
99	주식회사 데일리파트너스 바이오/헬스케어	신승현, 이승호	서울	2019-03
100	주식회사 페인터즈앤벤처스 기술기반 전분야(제조기업제외)	이정훈	세종	2019-04
101	부산지역대학연합기술지주 전 산업분야	박훈기	부산	2019-07
102	케이액셀러레이터 테크핀	소재문	서울	2019-08
103	엔텔스 정보통신(IoT, 플랫폼), Serivce 등	최일규	서울	2019-09
104	한길 농촌, 관광	한형주	경북	2019-10
105	아이피에스벤처스 의료기기, 바이오, 소프트웨어 등	황우성	서울	2019-11
106	비즈니움 기술기반 전분야	이창형	경북	2019-12
107	(주)이암허브 기술기반 전분야(제조기업제외)	구교영	서울	2019-14
108	킹고스프링 ICT, 소비, 부품, 장비, 바이오등	정진동	인천	2019-15

출처: 창업진흥원 / www.kised.or.kr

번호	법인명 / 전문분야	대표자명	본사소재지	등록번호
109	어썸벤처스	오영록	서울	2019-16
	AI, 미디어, 핀테크, 모빌리티, 동남아진출			
110	나눔엔젤스	엄철현	인천	2019-20
	ICT 의식주&문화콘텐츠			
111	컴퍼니엑스	강일신	서울	2019-21
	기술기반 전분야(제조기업 제외)			
112	(주)드림이앤씨	황조익	경기	2019-22
	경영, 기술, 헬스케어 등			
113	대경지역대학공동기술지주	김범준	경북	2019-24
	전 분야			
114	광주창조경제혁신센터	하상용	광주	2019-27
	기술분야 전분야			
115	유닉	최희승	전북	2019-28
	ITC, 바이오, 헬스케어분야			
116	투썬캠퍼스	김종화, 이종현	경기	2019-29
	ICT			
117	아크메이커	김대일	충남	2019-31
	정보통신, 전기전자, 기계소재, 지식서비스			
118	퓨처플레이	KWON OH HYOUNG	서울	2019-32
	AI, Digital Healthcare, Robotics, Mobility, Fintech 등 기술기반 전분야			
119	시저스랩(주)	권영준	서울	2019-33
	디지털콘텐츠,의료기 및 딧털 치료제, 전자약, 어플리케이션			
120	충북대학교기술지주	조영철	충북	2019-34
	모든 분야			

스타트업 투자 유치 생존을 넘어 도약으로

창업진흥원 · www.kised.or.kr

번호	법인명 / 전문분야	대표자명	본사소재지	등록번호
121	연세대학교기술지주 기술기반 전분야	홍종일	인천	2019-35
122	한국사회혁신금융 기술기반 전분야	이상진	서울	2019-36
123	충남대학교기술지주 기술기반 전분야	김천규	대전	2019-37
124	콜즈다이나믹스 물류유통, 프롭테크, 도시재생, 수출B2B제조, F&B(유통특화)	강종수, 이희영	부산	2019-39
125	벤처기업협회 기술기반 전분야	송병준	서울	2019-40
126	오픈놀 기술기반 전분야(제조기업제외)	권인택	서울	2019-41
127	엑센트리 스마트시티, 기술분야	윤우근	광주	2019-43
128	제주창조경제혁신센터 기술기반 전분야	전정환	제주	2019-45
129	빅베이슨캐피탈 기술기반 전 분야(제조업 제외)	윤필구	서울	2019-47
130	주식회사 아이피씨앤비 기술기반 전분야	송인창	서울	2019-48
131	플랜에이치벤처스 기술기반 전분야	원한경, 민병규	서울	2019-49
132	더웍스코리아 창업컨설팅, 임대업	이지수	서울	2019-50

출처: 창업진흥원 / www.kised.or.kr

번호	법인명 / 전문분야	대표자명	본사소재지	등록번호
133	유스업파트너스 기술기반 전분야	최승원	서울	2019-52
134	주식회사 엘케이경영연구원 경영컨설팅	이순석	대구	2019-53
135	젠엑시스 바이오, 디지털헬스케어	손미경	서울	2019-54
136	탭엔젤파트너스 바이오, 테크, 콘텐츠 분야	박재현	인천	2019-56
137	가톨릭관동대학교기술지주 의료, 바이오	김규한	강원	2019-57
138	한국인증협회 기술경영	김현우	대전	2019-58
139	순천향대학교기술지주회사 바이오	전창완	충남	2019-62
140	부산창조경제혁신센터 기술창업 전 분야	김용우	부산	2019-66
141	아이젠 IT, NT, 융합산업	최근영	광주	2019-67
142	젠티움파트너스 F&B, Bio-healthcare, IT	박현준	서울	2019-69
143	스파크랩 IT, IOT, 의료기기, 신약 등	김유진	서울	2019-70
144	임팩트재단 임팩트투자(제조업제외)	고경환	서울	2019-71

창업진흥원 / www.kised.or.kr 창업진흥원

번호	법인명 / 전문분야	대표자명	본사소재지	등록번호
145	넥스트챌린지 ICT, 플랫폼서비스, AI, 에듀테크, 소셜임패트	김영록	제주	2019-72
146	주식회사 픽스프리 IoT시제품	박성순	서울	2019-76
147	재단법인 다차원 스마트 아이티 융합시스템 연구단 IT, 바이오, 헬스케어, 4차 신산업(제조업제외)	경종민	대전	2019-77
148	광운대학교산학협력단 ICT, 의료기기	정영욱	서울	2019-79
149	세종창조경제혁신센터 스마트시티·팜, 자율주행, 소셜벤처 기술분야	오득창	세종	2019-80
150	전북창조경제혁신센터 탄소산업, 농생명식품, 문화ICT융복합기업	강영재	전북	2019-81
151	소풍벤처스 임팩트 투자(소셜벤처)	한상엽	강원	2020-01
152	주식회사 게이트웨이즈 소프트웨어개발,컨설팅	김성희	부산	2020-02
153	성균관대학교기술지주 IT, BT, NT 등	구자춘	경기	2020-05
154	충남창조경제혁신센터 4차 산업 신기술, IT, IOT, ICT 등	강희준	충남	2020-06
155	액틴 4차 산업혁명 기술, 생활 및 문화예술분야	이석형	서울	2020-101
156	카이스트청년창업투자지주 AI, 빅데이터, 클라우드, 블록체인, IoT, 디지털헬스케어	정회훈	서울	2020-103

출처 창업진흥원 / www.kised.or.kr

번호	법인명 / 전문분야	대표자명	본사소재지	등록번호
157	제이비벤처스 주식회사	유상훈, 우재화	충남	2020-12
	신재생에너지, 서비스플랫폼, 바이오헬스, 미래자동차, 인공지능			
158	임팩트스퀘어	도현명	서울	2020-13
	소셜벤처			
159	와이드앤파트너스	김윤기	대전	2020-14
	바이오, 헬스케어			
160	(주)비스퀘어	김혜경	부산	2020-15
	부산 기반 액셀러레이터 및 1인 창조기업 지원센터			
161	티랩	강성민	부산	2020-17
	부품소재, 기계,조선, ICT, 바이오			
162	프렌즈	이윤원	서울	2020-18
	기술기반 전분야			
163	맥스컨설팅(주)	조윤재	경기	2020-19
	지식서비스·콘텐츠, 헬스케어 등(제조업 제외)			
164	끌림벤처스	남홍규	서울	2020-20
	IT, AI, 4차 산업분야 지원			
165	전남창조경제혁신센터	강정범	전남	2020-23
	농수산식품분야, 바이오활성소재분야			
166	블록크래프터스	박수용	서울	2020-24
	블록체인, 4차 산업 융합			
167	씨앤벤처파트너스	심재희	서울	2020-25
	IoT, 바이오, 헬스케어 등			
168	주식회사 텐원더스	이정훈	강원	2020-26
	ICT, 콘텐츠, F&B, 기술관련 전분야			

출처 창업진흥원 / www.kised.or.kr

번호	법인명 / 전문분야	대표자명	본사소재지	등록번호
169	서울창조경제혁신센터 창업 전분야	이영근	서울	2020-27
170	스테이션니오 IT, 4차 신산업, 콘텐츠, 기타	장지현, 김영우	서울	2020-28
171	겟투 전분야	이지행	경기	2020-29
172	케이브이에이액셀러레이터 IT, 바이오, 4차 신산업, 콘텐츠	조기헌	서울	2020-31
173	노틸러스인베스트먼트 IT, BT, Deep Tech	임성원	인천	2020-33
174	렛츠 기타	김성은	대전	2020-34
175	아이피스트 제조업, IT, 4차 신산업	이준성	서울	2020-35
176	강쎈 ICT, 바이오, 콘텐츠, 기타	강달철	경기	2020-37
177	더벤처스 IT, 4차 신산업, 기타	김철우	서울	2020-38
178	케이브레인컴퍼니 콘텐츠 및 기타	민상일	서울	2020-39
179	히스토리벤처투자 IT, ICT, AI, 빅데이터, SW, 플랫폼 등	정우주	서울	2020-42
180	한국사회투자 소셜임팩트	최병주	서울	2020-44

출처: 창업진흥원 / www.kised.or.kr

번호	법인명 / 전문분야	대표자명	본사소재지	등록번호
181	알마덴디자인리서치	조창규	경기	2020-45
	제조서비스, 유통서비스, 컨슈머 브랜드, 4차 산업, 문화콘텐츠			
182	한국표준협회	강명수	서울	2020-47
	전분야(제조업 포함)			
183	에트리홀딩스	윤상경	대전	2020-49
	IT융합, 부품소재, 방송통신 및 인터넷, 소프트웨어 및 컨텐츠분야			
184	케이오씨파트너스	전용덕	서울	2020-51
	4차 산업혁명(ICT, 바이오, 헬스케어)			
185	로간	이강우	인천	2020-54
	CT, 에너지, 모빌리티			
186	스케일업파트너스	이태규	서울	2020-55
	바이오			
187	스노우볼벤처스(주)	남인현	전북	2020-57
	농식품, 푸드테크, 농업			
188	(주)스타트업리서치	이승혁	경기	2020-60
	콘텐츠, 소프트웨어, 플랫폼 서비스, AI, 바이오텍 등			
189	커넥팅닷유나이티드	김동욱	경남	2020-63
	콘텐츠, 헬스케어			
190	주식회사 어나더브레인	KIM SUNG SOO (김성수), 장민석	대구	2020-65
	해외진출(투자+해외파트너탐색)			
191	에프원파트너스	이철	세종	2020-66
	바이오, 친환경차, 컨텐츠 등			
192	카네기경영연구원(주)	이창은	전북	2020-67
	경영컨설팅			

창업진흥원 · www.kised.or.kr

번호	법인명 / 전문분야	대표자명	본사소재지	등록번호
193	쿼드벤처스 IT 제조 및 서비스 등	김정우, 조강헌	서울	2020-68
194	스마일게이트인베스트먼트 AI, 바이오, 블록체인, 플랫폼	남기문	서울	2020-69
195	선문대학교산학협력단 반도체, 디스플레이, 자동차, 바이오, 이차전지 등	이희원	충남	2020-70
196	지티티비 IT, BT, 농식품분야	박용선	광주	2020-72
197	아이엑스브이 ICT, 바이오	안도현	서울	2020-74
198	다날투자파트너스 ICT, 핀테크, 플랫폼, 디지털콘텐츠	진창용	경기	2020-75
199	(재)전북특별자치도경제통상진흥원 농생명바이오, 탄소소재, 스마트모빌리티 등	윤여봉	전북	2020-77
200	마크앤컴퍼니 라이프스타일, ICT	홍경표	서울	2020-78
201	밴드 사회적경제, 소셜벤처	하정은	서울	2020-79
202	트러스트벤처투자 교육, 컨설팅, 중소벤처기업 창업 투자	박정민	서울	2020-80
203	전남지역대학연합창업기술지주 바이오헬스케어소재, 에너지신산업, 첨단운송기기부품, 청색 및 청정환경	김재우	전남	2020-81
204	케이아이엠씨 AI, FinTech, FoodTech, EduTech	정신욱	서울	2020-82

출처 : 창업진흥원 / www.kised.or.kr

번호	법인명/전문분야	대표자명	본사소재지	등록번호
205	(주)에스씨지	고영	서울	2020-83
	4차 산업 전분야, 콘텐츠, 환경			
206	브릿지스퀘어	류예주	제주	2020-84
	콘텐츠 융복합			
207	래버리지	김용현	서울	2020-86
	핀테크, 친환경, RPA 분야			
208	더넥스트랩	유채선	인천	2020-88
	IT, 바이오, 4차 신산업, 콘텐츠기반			
209	주식회사 비즈코웍	홍혜영	서울	2020-90
	ICT S/W, 지식콘텐츠·디자인·문화서비스업			
210	에스에스투인베스트먼트	신향숙	서울	2020-91
	정보통신(플랫폼, ICT, AI 등), 전기전자(제조, SW), 바이오 및 헬스케어			
211	퍼스트스텝랩스	조재문	서울	2020-92
	소재·부품, 헬스케어, AI, 핀테크, 콘텐츠, E-커머스			
212	아이디어파트너스	김수환	전북	2020-93
	ICT, 소셜벤처, 스핀오프(사내벤처, 분사) 기업			
213	퍼스트게이트	박성준	서울	2020-94
	ICT, AI, 교육콘텐츠, 소재·부품·장비			
214	재단법인 윤민창의투자재단	성민섭	서울	2020-96
	ICT, 온라인 플랫폼, 콘텐츠 분야			
215	더이노베이터스	최광선	인천	2020-97
	인공지능, 빅데이터, AR/VR, IoT, 지식서비스 및 콘텐츠			
216	강원대학교기술지주회사	장철성	강원	2020-98
	AI, 빅데이터, IT, BT, 문화콘텐츠(애니매이션, AR/VR)			

출처 창업진흥원 / www.kised.or.kr

번호	법인명 / 전문분야	대표자명	본사소재지	등록번호
217	그리트벤처스 미디어, 바이오, E-커머스	정명훈	서울	2020-99
218	주식회사 알토란벤처스 O2O플랫폼, 바이오, IT(AI, Big Data, AR/VR)	장민영	서울	2021-01
219	리벤처스 바이오, 전기자동차(배터리), 헬스케어, AI, ICT 분야	김나경	대전	2021-02
220	엠엠에스벤처스 헬스케어, 스마트팩토리, 플랫폼, 부품/소재	김평수	대전	2021-04
221	네스트컴퍼니 IT분야(E-커머스), 라이프스타일, B2G기술, 서비스 분야	신재식	서울	2021-05
222	어벤처스 제조업 및 IT서비스 분야	이진국	서울	2021-06
223	(재)충남콘텐츠진흥원 콘텐츠, ICT, 실감콘텐츠(AR, VR 등)	박정주	충남	2021-07
224	우정바이오 바이오, 헬스케어, 신약개발 분야	천병년	경기	2021-11
225	알파브라더스 IT(플랫폼), SW, 지식서비스	채중규	충북	2021-12
226	에이티피벤처스 클라우드 시스템, AI, 모빌리티, 컨텐츠	김명선	울산	2021-13
227	전남대학교기술지주회사 AI, 친환경자동차, 바이오, 문화예술, ICT 플랫폼	고성석	광주	2021-14
228	(주)심플프로젝트컴퍼니 F&B, FOOD TECH	김기웅	서울	2021-15

출처 : 창업진흥원 / www.kised.or.kr

번호	법인명 / 전문분야	대표자명	본사소재지	등록번호
229	티앤이파트너스	유성화	서울	2021-16
	AI, AR/VR, 비대면, 교육			
230	(주)비전웍스	김민표	서울	2021-17
	에듀테크, 문화콘텐츠, 헬스케어, 사회혁신/소셜벤처			
231	드림벤처스유한책임회사	강건환	부산	2021-18
	지능형 기계·부품, 스마트해양, 의료기기 분야			
232	엠투엔티	최기선	경기	2021-19
	제조 전 분야, 4차 산업혁명			
233	비티비벤처스	진태준	경남	2021-22
	IT, 바이오			
234	주식회사 한국해양벤처투자	박종현	부산	2021-23
	제조업, IT, 4차 신산업, 콘텐츠			
235	아이피텍코리아	김성현	부산	2021-25
	기타			
236	세르파벤처스	전명훈	서울	2021-26
	제조업, IT, 4차 신산업, 콘텐츠			
237	킴벤처러스	김현성	서울	2021-28
	IT, 바이오			
238	알파랩	방수준	서울	2021-29
	ICT 기반 푸드테크 기업			
239	한림제약	김정진	경기	2021-30
	제약바이오, 의료기기, 헬스케어 분야			
240	지앤원테크솔루션	김경수	서울	2021-31
	IT, 바이오, 4차 신산업, 콘텐츠			

출처 창업진흥원 www.kised.or.kr 창업진흥원

번호	법인명 / 전문분야	대표자명	본사소재지	등록번호
241	메인스트리트벤처스 IT, 4차 신산업, 콘텐츠	박순우	서울	2021-32
242	블리스바인벤처스 바이오, 4차 신산업, 콘텐츠	형경진	서울	2021-33
243	뉴본벤처스 제조업, IT, 4차 신산업	이근웅	경기	2021-34
244	블루오션벤처스 AI, Big Data, ICT서비스, Medical	이준희	서울	2021-35
245	주식회사 사덕벤처스 전분야	이주철	경기	2021-36
246	제이엠비즈솔루션 제조업, IT, 바이오, 4차 신산업 등	이재환	인천	2021-37
247	테일벤처스 메디컬, IT, 헬스케어, 바이오, 컨텐츠	배영진	서울	2021-38
248	다빈치벤처스 ICT, 콘텐츠, 모빌리티 기계 제조	이창원	서울	2021-40
249	(주)BSK인베스트먼트 첨단ICT/그린뉴딜, 바이오헬스케어, B2C/소비재	백승권	서울	2021-41
250	엔지켐생명과학 바이오, 헬스케어, 첨단소재 등	손기영	충북	2021-42
251	아이피밸류파트너스 ICT융복합기술, 디지털헬스케어, IT	신동원	서울	2021-43
252	한국산업지능화협회 Data, Network, AI, 스마트제조(팩토리), 플랫폼	김도훈	경기	2021-44

창업진흥원 / www.kised.or.kr

번호	법인명 / 전문분야	대표자명	본사소재지	등록번호
253	주식회사 아이엠파트너스 AI 기반의 제조·서비스 분야	성경필	광주	2021-45
254	리얼비즌 IT, 콘텐츠, 핀테크, 에듀테크	박진규	서울	2021-46
255	경북대학교기술지주 의료, ICT, 미래형 자동차, 로봇, 에너지, 물, 바이오	김규만, 정성근	대구	2021-47
256	한성케이에스콘(주) IT, 헬스케어, 교육, 소재, 친환경	신동하	서울	2021-48
257	주식회사 바이씨엠씨 IT 업종(시스템 소프트웨어 외) / 신기술 제조	부원영	서울	2021-49
258	재단법인 넥스트챌린지아시아 ICT, 에듀테크, 그린 뉴딜	김영록	인천	2021-50
259	(주)토탈소프트뱅크 해운, 항만, 물류, AI	최장수	부산	2021-51
260	헥사곤벤처스 프롭테크, 바이오, 핀테크	김재욱	서울	2021-52
261	더피플앤파트너스 IT, O2O, IoT, B2C	배동진	서울	2021-53
262	존스앤로켓 엔터테인먼트, 서비스	원정욱	서울	2021-54
263	트라이앵글벤처스 IT, 문화컨텐츠	이화진	경북	2021-55
264	파인드어스 전분야	김판준	서울	2021-56

출처 창업진흥원 / www.kised.or.kr 창업진흥원

번호	법인명 / 전문분야	대표자명	본사소재지	등록번호
265	주식회사 하이버프파트너스	황용국	부산	2021-57
	인공지능, 빅데이터, 블록체인, 핀테크, 메타버스			
266	충남산학융합원	이종규	충남	2021-58
	친환경 자동차, 헬스케어, 차세대 디스플레이, 코로나-19 방역 관련 보건 분야			
267	주식회사 브이엔티지	김태근	서울	2021-59
	AI, 에듀테크, 헬스케어			
268	코리아스타트업빌더	안창호	서울	2021-60
	제약, 바이오(화장품, 의료기기)			
269	스타벤처스	문지은	서울	2021-63
	기술기반산업, ESG			
270	베터그라운드	이진우	서울	2021-65
	IT, 차세대 모빌리티, CONTENTS(게임,웹툰)			
271	구디파트너스	박기순	서울	2021-66
	정보통신(AR, VR), 지적재산권 및 특허, CONTENTS(웹툰)			
272	미라벤처스	박미라	서울	2021-67
	바이오, ICT서비스, 인공지능, 로봇, 모빌리티, 커머스, 신재생에너지, ESG			
273	바이텐파트너스	이유석	서울	2021-68
	바이오, IT융복합, 모빌리티, 디지털콘텐츠(게임,애니메이션)			
274	(주)페이서파트너스	이호현	서울	2021-69
	콘텐츠/미디어 플랫폼, AI 사물인터넷, 헬스케어, 커넥티드 디바이스 융복합 플랫폼			
275	미리어드파트너스 주식회사	성상용	서울	2021-70
	바이오, 헬스케어			
276	브라더스컨설팅	권형창	대구	2021-71
	4IR(인공지능, 바이오, 2차 전지 등)			

출처 : 창업진흥원 / www.kised.or.kr

번호	법인명 / 전문분야	대표자명	본사소재지	등록번호
277	유니스트기술지주	김영식	울산	2021-72
	신소재, 에너지, 바이오, IT			
278	부산대학교기술지주	강정은	부산	2021-73
	인공지능, 빅데이터, 블록체인, 핀테크, 메타버스			
279	(주)빅무브벤처스	최형섭	서울	2021-74
	IT, 바이오, 헬스케어			
280	오렌지나무 주식회사	박민규	경기	2021-76
	스타트업(Start-Up), 소상공인 경영컨설팅			
281	에쓰지에이치코리아	정태혁	울산	2021-77
	ICT (메타버스), 에너지 및 환경			
282	윕스	이형칠	서울	2021-79
	AI융합, 바이오, 화학 등 특허기반 기술창업			
283	주식회사 그래비티벤처스	김샛별	충남	2021-80
	IT, AI, 헬스케어, 콘텐츠			
284	피에이알벤처스 주식회사	박기준	경기	2021-81
	ICT 융복합, AI, 빅데이터			
285	한양대학교 에리카산학협력단	박태준	경기	2021-84
	IT, AI, 바이오, 4차 신산업 분야			
286	메디이노파트너스	김진수	서울	2022-01
	바이오·헬스케어, AI, 의료기기			
287	애드벤처스	제명선	경기	2022-02
	인터넷, 전자상거래, AI, 핀테크			
288	한국투자액셀러레이터	백여현	서울	2022-04
	청년창업, 기후 위기 극복을 위한 친환경 기업, 바이오			

번호	법인명 / 전문분야	대표자명	본사소재지	등록번호
289	앤틀러코리아	강지호, 정사은	서울	2022-05
	ICT, AI, 빅데이터, SaaS, 핀테크			
290	도담벤처스	노철호	경기	2022-06
	신기술집중기업, 전통사업 혁신기업, 2차 산업 효율성 향상기업			
291	레드일렉	한주엽	서울	2022-07
	소재·부품·장비 분야(반도체, 디스플레이, 이차전지)			
292	그라운드업벤처스	임훈민	서울	2022-08
	ICT 신기술, 플랫폼(커머스, 미디어, 서비스)			
293	브리티시인터내셔널	손지형	부산	2022-11
	소프트웨어 융합, 문화교육콘텐츠			
294	엠디글로벌넷	이상발	서울	2022-12
	제조업, 콘텐츠 등 전 분야			
295	링크브릭스벤처스	김상규, 지윤성	서울	2022-13
	뷰티, 모바일·인터넷 서비스, 헬스케어(빅데이터,ML기반)			
296	국민대학교기술지주	이인형	서울	2022-14
	친환경 자율주행자동차, 바이오·헬스케어, 디자인문화콘텐츠			
297	코벤트캐피탈파트너스	윤영준	서울	2022-15
	바이오, ICT, 클라우드 컴퓨팅			
298	서울과학종합대학원대학교산학협력단	김종춘	서울	2022-16
	딥테크, 핀테크, 메타버스, 블록체인			
299	(주)이드로경영파트너스	정문수	광주	2022-17
	ICT, 제조, 바이오 분야			
300	스타트업엑스 유한책임회사	신유정	서울	2022-18
	디지털 헬스케어, ICT융합 콘텐츠, 환경, 임팩트 분야			

출처 : 창업진흥원 / www.kised.or.kr

번호	법인명 / 전문분야	대표자명	본사소재지	등록번호
301	주식회사리채인사이트	이준호	서울	2022-21
	바이오 제약 소재 부품 장비 지식재산권 분야			
302	제로투원파트너스	김경태	서울	2022-22
	푸드테크 애드테크 기업 바이오 헬스케어 분야			
303	코업파트너스	황우석	경남	2022-23
	ESG, 소재부품장비 바이오 스마트팜 분야			
304	주식회사 펜벤처스코리아	송명수	서울	2022-24
	콘텐츠 분야			
305	미래의학연구재단	이승규	서울	2022-25
	첨단 바이오, 미래의학 분야			
306	시드앤파트너스(주)	이정희	서울	2022-26
	전 분야			
307	경남창원산학융합원	박병규	경남	2022-27
	전 분야			
308	서울랩파트너스	강재성	서울	2022-28
	IT, 4차 신산업, 콘텐츠 분야			
309	주식회사 스토리앤데이터	고호현	서울	2022-29
	제조업, IT, 바이오, 4차 신산업, 콘텐츠 분야			
310	주식회사 프로디지인베스트먼트	한규정	서울	2022-31
	전 분야			
311	주식회사 원빌리언엑셀	최성희	서울	2022-33
	전 분야			
312	주식회사 비바체랩	정상철	서울	2022-34
	전 분야			

스타트업 투자 유치

창업진흥원 www.kised.or.kr 장업진흥원

번호	법인명 / 전문분야	대표자명	본사소재지	등록번호
313	(주)인트윈벤쳐스 전분야	최세헌	서울	2022-36
314	핼리스톤벤처스 주식회사 IT, 4차 신산업, 콘텐츠 분야	서한이	서울	2022-37
315	파트너스라운지 IT, 바이오, 4차 신산업, 전분야	박상태	경북	2022-38
316	줌인파트너스 전 분야	한정수	서울	2022-39
317	와이케이벤처스 바이오	김윤미	강원	2022-40
318	시너스파트너스 4차 신산업, 기타	류지아	울산	2022-41
319	(주)티비지파트너스 기타	이지선	인천	2022-42
320	링크빈 IT, 바이오, 4차 신산업, 콘텐츠	김대곤, 윤주현	부산	2022-43
321	다름과이음 주식회사 IT, 4차 신산업, 콘텐츠 분야	이승혁	서울	2022-44
322	콘탱고파트너스 주식회사 IT, 바이오, 4차 신산업	엄은상	서울	2022-46
323	블루웨일인베스트 전 분야	양희정, 최건식	경북	2022-48
324	유앤벤처스 IT, 4차 신산업, 콘텐츠	전지은	경기	2022-49

출처 : 창업진흥원 / www.kised.or.kr

번호	법인명 / 전문분야	대표자명	본사소재지	등록번호
325	주식회사 미래엔벤처스 IT, 4차 신산업	윤창환	대전	2022-50
326	젤코바벤처스 IT, 4차 신산업, 기타	고성규	서울	2022-51
327	에이치엘비인베스트먼트 바이오, 4차 신산업	이상훈	서울	2022-52
328	쿱앤파트너스 주식회사 기타	정창윤	인천	2022-53
329	주식회사 피앤리 바이오	박성문, 이태선	서울	2022-54
330	아트임팩트 제조업	송윤일	서울	2022-55
331	에이씨패스파인더 IT, 4차 신산업, 콘텐츠, 기타	이병찬	서울	2022-56
332	주식회사 플린토파트너스 제조업, IT, 바이오, 4차 산업	권지예	서울	2022-57
333	바인벤처스 전분야	조명우	인천	2022-58
334	비디씨엑셀러레이터 주식회사 전분야	허은경	서울	2022-59
335	시드버스 IT, 바이오, 4차 신산업, 콘텐츠, 기타	최평호	서울	2022-60
336	(주)에이치앤벤처스 제조업, 콘텐츠, 기타	고혁진	서울	2022-61

스타트업 투자 유치 생존을 넘어 도약으로

출처 창업진흥원 www.kised.or.kr 창업진흥원

번호	법인명 / 전문분야	대표자명	본사소재지	등록번호
337	솔리드원파트너스 기타	김치열	서울	2022-62
338	주식회사 클러스트벤처스 기타, 전분야	손진원	서울	2022-63
339	바로운파트너스 IT, 4차 신산업, 콘텐츠	이재준	서울	2022-64
340	이앤티이노베이션 제조업, IT, 바이오, 4차 신산업, 콘텐츠	유수경	전남	2022-65
341	피지벤처스 제조업, IT, 4차 신산업, 전분야	김혜원	경기	2022-66
342	(주)오브젝트컴퍼니 제조업, IT, 콘텐츠	박찬민	서울	2022-69
343	이노큐브 바이오, 기타	권소현	서울	2022-70
344	원투자파트너스 전분야	정영균	전북	2022-71
345	비즈 전분야	김부성	경남	2022-72
346	주식회사 민트스퀘어 바이오, 기타	송재훈	서울	2022-73
347	(주)이디리서치 IT, 바이오, 4차 신산업, 콘텐츠, 기타	서주원	서울	2022-74
348	주식회사 패스웨이파트너스 바이오, 전분야	이대규, 이상진	서울	2022-76

출처: 창업진흥원 / www.kised.or.kr

번호	법인명 / 전문분야	대표자명	본사소재지	등록번호
349	뉴키즈인베스트먼트 기타	한완희	서울	2022-77
350	에이아이피벤처파트너스 주식회사 전분야	이재혁	서울	2022-78
351	500글로벌매니지먼트코리아 IT, 4차 신산업, 기타	김경민	서울	2022-79
352	광주지역대학연합기술지주 전분야	김요수	광주	2022-80
353	(주)엑셀베스트 바이오	김성우	대전	2022-81
354	포인트업 전분야	정성목	대전	2023-01
355	블루버스인베스트먼트 IT, 4차 신산업, 콘텐츠	김복기	경기	2023-02
356	주식회사 스프러너 IT, 콘텐츠, 기타	조동인	대구	2023-03
357	조슈아파트너스 제조업, IT, 4차 신산업	민재욱	대전	2023-04
358	비욘드밸리 주식회사 전분야	이진성, 박성준	서울	2023-05
359	제이엘파트너스 IT, 바이오, 4차 신산업, 콘텐츠	김유정	서울	2023-07
360	주식회사 라이트형제 전분야	전형진	세종	2023-08

스타트업 투자 유치 생존을 넘어 도약으로

번호	법인명 / 전문분야	대표자명	본사소재지	등록번호
361	주식회사 트리니티벤처파트너스 전분야	서현수	서울	2023-09
362	2080벤처스코리아유한책임회사 전분야	최성안	부산	2023-10
363	주식회사 위메이크인베스트먼트 IT, 바이오, 4차 신산업, 기타	이도용	서울	2023-11
364	아스벤처투자 전분야	최규원	서울	2023-12
365	(주)가치기업경영 제조업, IT, 바이오, 4차 신산업, 콘텐츠	정진규	서울	2023-13
366	베드록벤처스 전분야	장영준	서울	2023-14
367	주식회사 에프엔센싱 전분야	손복수	서울	2023-16
368	에이씨엔디씨 IT, 콘텐츠, 기타	홍종덕	경기	2023-17
369	엔유액셀러레이터 전분야	장재용	서울	2023-20
370	(주)더오름벤처스 전분야	박해성	경기	2023-21
371	(주)제이트리캠퍼스 IT, 바이오, 4차 신산업, 콘텐츠, 기타	서정수	서울	2023-22
372	하임벤처투자 IT, 4차 신산업, 콘텐츠	박대성	서울	2023-23

출처 창업진흥원 / www.kised.or.kr

번호	법인명 / 전문분야	대표자명	본사소재지	등록번호
373	아이피파트너스	이선호	서울	2023-24
	기타			
374	한림대학교기술지주 주식회사	이희우	경기	2023-25
	바이오, 기타			
375	스테이션케이	강승모	경기	2023-26
	제조업, IT, 바이오, 4차 신산업, 콘텐츠			
376	(주)포항연합기술지주	김재효	경북	2023-27
	전분야			
377	주식회사 한국전자기술	전정현	경남	2023-28
	제조업, IT, 4차 신산업, 콘텐츠, 기타			
378	비욘드랩	이영구	세종	2023-29
	전분야			
379	주식회사 스타릿지	김성천	울산	2023-30
	IT, 4차 신산업, 전분야			
380	(사)한국무선인터넷솔루션협회	이진우	서울	2023-31
	IT, 4차 신산업, 콘텐츠			
381	에스앤인베스트유한책임회사	김창린	서울	2023-32
	전분야			
382	제이씨에이치인베스트먼트	오현세, 권인택	대구	2023-33
	제조업, IT, 바이오, 4차 신산업, 콘텐츠			
383	위드엔젤파트너스	박제현	서울	2023-34
	전분야			
384	과학기술경제연구소(주)	길준석	서울	2023-35
	IT, 바이오, 4차 신산업, 콘텐츠			

출처 창업진흥원 / www.kised.or.kr 창업진흥원

번호	법인명 / 전문분야	대표자명	본사소재지	등록번호
385	지알케이파트너스	윤승현	서울	2023-36
	IT, 바이오, 4차 신산업, 기타			
386	특허법인 부경	구성진	부산	2023-37
	전분야			
387	주식회사 넥스트엘레베이션	마영민	서울	2023-38
	제조업, IT, 바이오, 4차 신산업, 콘텐츠			
388	주식회사 가인지캠퍼스	김경민	서울	2023-39
	콘텐츠			
389	주식회사 업그레이드파트투	이정민	광주	2023-40
	제조업, IT, 바이오, 4차 신산업, 콘텐츠			
390	이노빌드랩	송봉란	울산	2023-41
	전분야			
391	공명파트너즈	오상훈	서울	2023-45
	전분야			
392	주식회사 티비즈	김정목	서울	2023-46
	4차 신산업, 전분야			
393	에프지씨파트너스	이정림	인천	2023-47
	바이오			
394	에스앤에스랩	권순민	서울	2023-48
	IT, 4차 신산업			
395	티더블유브이이	김경순	대구	2023-49
	제조업, IT, 바이오, 4차 신산업, 콘텐츠			
396	(주)케이포코리아	정남호	서울	2023-50
	IT, 블록체인, 생명과학 (바이오, 의약, 화장품, 건강식품, 헬스케어) 등			

출처 : 창업진흥원 / www.kised.or.kr

번호	법인명 / 전문분야	대표자명	본사소재지	등록번호
397	(주)대우당헬스케어	최주식	대전	2023-51
	바이오·헬스케어, 인공지능			
398	(주)포켓컴퍼니	정규진	서울	2023-52
	프랜차이즈, 바이오·헬스케어, AI, 핀테크, 미디어, 컨텐츠, IOT, ICT 등			
399	에이유엠벤처스 주식회사	최철민, 엄세연	서울	2023-53
	ICT 분야 초기 스타트업			
400	마음인베스트먼트	곽진우	경기	2023-54
	ICT Convergence, Data/Contents Business, O2O platform 등			
401	광운대학교기술지주	한호선	서울	2023-55
	IT, 4차 신산업			
402	한국피부과학연구원	안인숙	서울	2023-56
	화장품 임상/비임상평가, 시험검사 분야			
403	아이벤처스	김유환	경기	2023-57
	IT, 바이오, 4차 신산업			
404	(주)유니콘 빌더스	장재덕	대구	2023-58
	IT, 바이오, 4차 신산업, 콘텐츠			
405	에이아이씨엔앰	노효원	광주	2023-59
	IT			
406	티케이벤처스	전희종	대구	2023-60
	IT, 바이오, 전분야			
407	(주)웰아이피에스	김명규	충남	2023-62
	IT, 바이오, 4차 신산업, 콘텐츠			
408	제이피벤처스	고병욱	서울	2023-64
	IT, 제조업			

출처 : 창업진흥원 / www.kised.or.kr

번호	법인명 / 전문분야	대표자명	본사소재지	등록번호
409	(주)마이샵온샵 제조업, 콘텐츠	최대헌	서울	2023-66
410	프로펠벤처스 IT, 4차 신산업, 콘텐츠	정보영	서울	2023-67
411	캠틱종합기술원 제조업, 4차 신산업	노상흡	전북	2023-68
412	진평벤처스 IT, 4차 신산업, 콘텐츠	이수영	서울	2023-69
413	비에이치웨이 주식회사 4차 신산업	서종원	서울	2023-71
414	씨디이파트너스 바이오, 4차 신산업, 콘텐츠	장형식	서울	2023-72
415	사단법인 더 브릿지 콘텐츠, 기타	황진솔	서울	2023-73
416	주식회사 트리즈컴퍼니 콘텐츠, 기타	김지현	서울	2023-74
417	세종경영연구원 제조업, IT, 4차 신산업, 콘텐츠	이상훈	대전	2024-01
418	벤처블릭코리아 IT, 바이오	김정아	서울	2024-02
419	(주)나인메이커스 IT, 콘텐츠	윤성혁	울산	2024-03
420	아이엔유파트너스 IT, 바이오, 4차 신산업, 콘텐츠	채진석	인천	2024-04

출처 · 창업진흥원 / www.kised.or.kr

번호	법인명 / 전문분야	대표자명	본사소재지	등록번호
421	벤처스카우트 IT, 바이오	신동원, 황차동	서울	2024-05
422	유한회사 게베버프라이하이트 전 분야	이근형	경북	2024-06
423	주식회사 에프엔피파트너스 전 분야	이세진	서울	2024-07
424	제이스이노베이션파트너스 제조업, 4차 신산업, 기타	김성엽	충북	2024-08
425	피노바랩 주식회사 4차 신산업	이준호	서울	2024-09
426	삼익매츠벤처스 제조업, IT, 4차 신산업, 콘텐츠, 기타	진건	대구	2024-10
427	(주)드림플래닛 IT, 콘텐츠	박준석	서울	2024-11
428	세종아이피브릿지 제조업, 4차 신산업, 기타	장홍기	서울	2024-12
429	이앤에프어드바이저 IT	신준호	서울	2024-13
430	주식회사 버디아 바이오	유정현	서울	2024-14
431	국립공주대학교기술지주 주식회사 제조업, IT, 4차 신산업, 콘텐츠, 기타	김송자	충남	2024-15
432	주식회사 비케이유인베스트먼트 4차 신산업, 기타	김주현	서울	2024-16

스타트업 투자 유치 생존을 넘어 도약으로

출처 창업진흥원 / www.kised.or.kr

번호	법인명 / 전문분야	대표자명	본사소재지	등록번호
433	시너지아이비투자 전분야	이건영	서울	2024-17
434	에이지씨씨코리아주식회사 전분야	전정현	서울	2024-18
435	주식회사 더퍼스트벤처스 콘텐츠	박경훈	경기	2024-19
436	한국혁신의약품컨소시엄 바이오	허경화	서울	2024-20
437	스타에셋 주식회사 제조업, 기타	이희성	서울	2024-21
438	트윈플러스파트너스 콘텐츠	김동하	서울	2024-22
439	주식회사 비엑스플랜트 바이오	조민근, 김희선	서울	2024-23
440	비전넥스텝 주식회사 제조업, 바이오	송주영	대전	2024-24
441	지디벤처스 전분야	김하경	서울	2024-25
442	주식회사 핸드파트너스 제조업, IT, 바이오, 4차 신산업, 콘텐츠	김민정	충남	2024-26
443	플랭크 파트너즈 제조업, IT, 콘텐츠, 기타	권의순	서울	2024-27
444	(주)핀연구소 제조업, 기타	김규원	대구	2024-28

스타트업 투자 유치 생존을 넘어 도약으로

출처: 창업진흥원 / www.kised.or.kr

번호	법인명/전문분야	대표자명	본사소재지	등록번호
445	윈트리파트너스 IT, 바이오, 4차 신산업	박정호	대전	2024-29
446	필로소피아벤처스 기타	여수아	서울	2024-30
447	경기도경제과학진흥원 제조업, IT, 바이오, 4차 신산업, 전분야	김현곤	경기	2024-31
448	주식회사 보더라인벤처스 IT, 콘텐츠	강준모	서울	2024-32
449	쏠리드엑스 전분야	이준원	경기	2024-33
450	콴티파이 인큐베이터 주식회사 전분야	정지택	서울	2024-34
451	(주)소만사 전분야	김대환	서울	2024-35
452	유경인베스트먼트(주) IT, 4차 신산업	한상철	서울	2024-36
453	지스트기술지주 주식회사 전분야	여주상, 김민곤	광주	2024-37
454	와우파트너스 IT, 바이오, 4차 신산업, 기타	김태현	경기	2024-38
455	넥스트파트너스 기타	강병걸	서울	2024-39
456	연세대학교바이오헬스기술지주회사 바이오, 기타	송영구	서울	2024-40

스타트업 투자 유치 생존을 넘어 도약으로

스타트업 투자 유치 생존을 넘어 도약으로

출처 창업진흥원 · www.kised.or.kr

번호	법인명 / 전문분야	대표자명	본사소재지	등록번호
457	씨씨벤처스 주식회사 IT, 바이오, 콘텐츠, 전분야	박해정	충남	2024-41
458	주식회사 전북대학교기술지주회사 바이오, 기타, 전분야	손정민	전북	2024-42
459	주식회사 페어디벤처스 전분야	조규민	경기	2024-43
460	재단법인 천안과학산업진흥원 제조업, IT, 바이오, 4차 신산업, 콘텐츠 분야	박상돈	충남	2024-44
461	빅뱅벤처스 주식회사 IT, 바이오, 4차 신산업, 콘텐츠 분야	구태훈, 김지철	서울	2024-45
462	주식회사 스타트런 전분야	지효선	서울	2024-46
463	슬론벤처스 4차 신산업, 기타	황의형	대전	2024-47
464	주식회사 케이드림파트너스 전분야	이인섭	대전	2024-48
465	(주)한국공학대학교기술지주회사 제조업, IT, 바이오, 4차 신산업	정인호	경기	2024-49
466	제이앤피메디파트너스 주식회사 제조업, IT, 바이오, 4차 신산업	정권호	인천	2024-50
467	주식회사 메이크공육사 제조업, IT, 바이오, 4차 신산업	이자영	제주	2024-51
468	(주)아이비유 제조업, IT, 바이오, 4차 신산업	이자영	대전	2024-52

출처 창업진흥원 / www.kised.or.kr   창업진흥원

번호	법인명 / 전문분야	대표자명	본사소재지	등록번호
469	글로벌임팩트벤처스	현진영	서울	2024-53
	제조업, 바이, 4차 신산업, 기타			
470	디티씨글로벌파트너스 유한회사	장희정	서울	2024-55
	제조업, IT, 바이오, 4차 신산업			
471	어번데일벤처스	권혁태	부산	2024-56
	전분야			
472	주식회사 오다스톤인베스트먼트	김재학, 김병철, 신동헌	서울	2025-01
	바이오			
473	유한회사 허니팟벤처스	정시화	서울	2025-02
	제조업, IT, 바이오, 4차 신산업			
474	(주)에이원에이씨	임유	서울	2025-03
	전분야			
475	바이트	김현준	경기2	025-04
	IT, 바이오, 4차 신산업, 콘텐츠			
476	아웃스탠딩컴퍼니	류호성, 김동환	서울	2025-05
	IT, 바이오, 4차 신산업, 콘텐츠			
477	(주)심산이노베이션	이승화	서울	2025-06
	IT, 바이오, 4차 신산업, 콘텐츠			
478	주식회사 브리즈인베스트먼트	박제무	서울	2025-07
	IT, 바이오, 4차 신산업, 콘텐츠			
479	주식회사 베타랩	김희욱	인천	2025-08
	IT, 4차 신산업, 콘텐츠, 전 분야			
480	에스티빌더	이지운	서울	2025-09
	IT, 컨설팅			

스타트업 투자 유치 생존을 넘어 도약으로

창업진흥원 / www.kised.or.kr

번호	법인명 / 전문분야	대표자명	본사소재지	등록번호
481	티인베스트먼트 제조업, IT, 바이오, 4차 신산업, 기타	김태훈	서울	2025-10
482	주식회사 테라플랫폼 IT, 바이오, 4차 신산업, 전 분야	서천석	경기	2025-11
483	주식회사 열매벤처스 4차 신산업, 콘텐츠, 기타	김종필	서울	2025-12
484	캐어유 IT, 콘텐츠 기타	신준영	경기	2025-13
485	주식회사 소풍커넥트 IT, 콘텐츠 기타	최경희	서울	2025-14
486	사단법인 피피엘 IT, 콘텐츠 기타	김동호	서울	2025-15
487	주식회사 엑시톤 IT, 콘텐츠 기타	김아름	세종	2025-16
488	브랜코파트너스 IT, 콘텐츠 기타	안병열	서울	2025-17
489	(사)한국창업지도사협회 IT, 콘텐츠 기타	황보윤	서울	2025-18
490	사단법인 한국중소기업발전협회 IT, 콘텐츠 기타	유재영	서울	2025-18

이상으로 신규 창업자가 투자와 지원을 받을 수 있도록 아주 쉽게 누구나
이해가 갈 수 있도록 가능한 전문용어를 쓰지 않고 이해도를 높이는데 최선을
다했습니다.

창업은 그 자체가 쉽지 않은 도전입니다.
하지만 새로움을 추구하는 도전적인 자세가 계속 이어져야 한다고
생각합니다.
특히 청년창업에 많은 지원과 투자가 되기를 바랍니다.
또 한 번 도전하고 실패하더라도 또다시 교육과 기술로 재무장해서
도전할 수 있는 힘이 길러지길 바랍니다.

" 아는 만큼 보인다 "

정부가 연간 53조(2026년)의 예산으로 R&D, 비R&D에 지원하고 있습니다.
내가 열심히 발품을 팔아야만 정보에 접근이 가능합니다.
언제나 누구에게나 오픈되어 있는 온.오프라인에서 조금만 열성이 있으면
정보 접근이 가능한 시대입니다.

이 책이 스타트업의 투자를 받기를 원하는 분들께 작은 밑거름이 되기를
바라면서 그간 10여 년 이상 엔젤투자에서 시리즈A 직접 투자를 바탕으로
정리를 했습니다.
조금 미숙한 점이나 더 깊은 부분은 담지 않았습니다. 그러면 더
어려우니까……
단순하지만 내가 시작한 스타트업이 절대 투자자들에게 밸류를 인정받고,
밸류를 인정받는 방법, 어떡하면 더유리한 조건으로 창업자가 투자를 받을 수
있도록 초점을 두었습니다.

또한, 7년 이내 창업자 라면 꼭 정부 지원을 받고 창업자가 모자라는 부분을
정부 지원으로 채울 수 있도록 정보를 전달하고자 했습니다.

정부 지원과 투자자들에게 내가 만든 기업이 투자와 지원을 받을 수 있는
부분으로 도움이 되기를 바랍니다.

박광영 드림.

 스타트업 투자 유치 생존을 넘어 도약으로

저자 **박 광 영**

(현재)

- 중소기업벤처부 등록 전문개인투자자
- ㈜ 디큐브랩스(엑셀레이터/창업기획) 대표이사
- ㈜ 데이타뱅크 전무이사
- 대구대학교 IT학부 전자전기공학부 겸임교수
- 대구광역시 기업투자유치위원
- 대구경북 경제자유구역청 기업유치 자문관
- 한국엔젤투자협회 대경권 허브운영위원
- 대경기술지주 '모두의 창업' 책임멘토

- 삼보컴퓨터 홍보실/마케팅　　1991 - 1996
- 나래이동통신　　1997 - 1999
- 두루넷/타이거풀스　　1999 - 2002
- CDM코리아　　2010 - 2016
- 데이타뱅크　　2017 - 현재

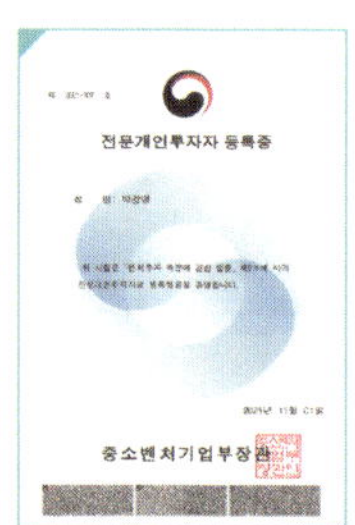

제 2021-107호
전문개인투자 등록증

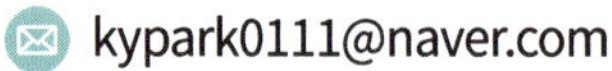

- Irvine Valley College Business Auccount
- 세종대학교 산업대학원 경영학과(석사)
- 세종대학교 산업대학원 경영학 박사과정

✉ kypark0111@naver.com

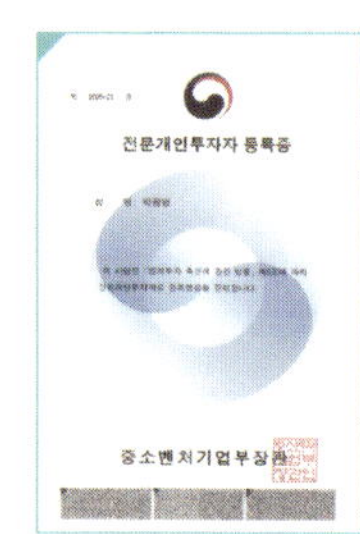

제 2025-21호
전문개인투자 등록증